禅是什么

［日］铃木大拙 / 著

张乔 / 译

海南出版社

·海口·

图书在版编目（CIP）数据

禅是什么 / (日) 铃木大拙著；张乔译. -- 海口：海南出版社，2016. 8 (2025. 5 重印).

书名原文：What is Zen?

ISBN 978-7-5443-6651-9

Ⅰ. ①禅… Ⅱ. ①铃… ②张… Ⅲ. ①禅宗—通俗读物 Ⅳ. ① B946.5-49

中国版本图书馆 CIP 数据核字 (2016) 第 156994 号

禅是什么

CHAN SHI SHENME

作　　者：[日] 铃木大拙
译　　者：张　乔
责任编辑：张　雪
责任印制：郄亚喃
印刷装订：河北盛世彩捷印刷有限公司
读者服务：张西贝佳
出版发行：海南出版社
总社地址：海口市金盘开发区建设三横路 2 号
邮　　编：570216
北京地址：北京市朝阳区黄厂路 3 号院 7 号楼 101 室
电　　话：0898-66830929　010-87336670
电子邮箱：hnbook@263.net
经　　销：全国新华书店
版　　次：2016 年 8 月第 1 版
印　　次：2025 年 5 月第 4 次印刷
开　　本：787 mm × 1 092 mm　1/16
印　　张：11.75
字　　数：110 千
书　　号：ISBN 978-7-5443-6651-9
定　　价：48.00 元

编者序

禅是什么？——或许，每一个对禅感兴趣的人都会有这样的疑问。如果一个人在系统学习禅学理论之前，未能了解禅的本质，那他也只能接触到皮毛。

然而，“禅是什么”并不是一个容易解释清楚的问题。历来诸多禅学大德、学者也曾给出过答案，如胡适先生认为，禅学是“教人知道佛性本自具足，莫向外驰求”，也就是说，禅学哲理非常简单，但只能自己意会，说破就会失去意义。对于大多数读者来说，这个解释并不足以消除疑惑。

日本当代著名禅学大师铃木大拙先生运用西方现代思想方法对这一问题进行了深入、透彻地解说，得到各界学者的普遍认同。

一

本书根据铃木先生以禅为主题所作演讲的资料整理而成，主要从两个方面阐释禅的本质：一是作为宗教体验的禅的真正含义（第一编）；二是禅在佛教及东方文化中的位置（第二编）。在此需要解释如下几点：

其一，铃木先生曾在《禅学入门》一书中指出，禅既不是一种哲学，也不是一种宗教。在本书中却又表示，禅是一种宗教体验。这种说法是否自相矛盾？要回答这一问题，需先解释“体验”的含义。其实，体验就是我们的心，即隐藏在内心深处的思想活动。当我们以一种稳定的态度面对内、外界时才会感觉到心的存在，而确保这种稳定的态度，正是宗教存在的意义。所以本书所谓“宗教体验”，是指在获得一种稳定态度的过程中内心深处经历的一些变化。与上文所说“禅不是宗教”并不相悖。

其二，从根本上说，禅是一种神秘的体验。这种体验是人类内心深处无法用语言和道理解释清楚的。它不会依靠哲学来做判断，而将根基架构在心理学上，因而禅的生命在于心理上的体验，这也是禅的根本所在。所以，禅要回归自我。我们必须从心理学上寻求禅的答案，这也是从心理学角度可以观察得到的禅。

其三，虽然本书以大量篇幅论述宗教体验，对于禅的解说内容相对较少，但事实上已触及禅的根本。此外，本书还对印度禅与中国禅、日本禅进行了区分。二者重心不同：印度禅只是静心，不包含体验；中国禅则强调通过禅定让内心有所收获。二者表现方式也不同：在中国，禅是通过公案参禅呈现出来的；印度禅则是在远离现实的想象世界展现。从中可见，中国禅宗对禅学的延伸与发展。

二

在这个日益繁复的社会中，不断加快的生活节奏，越来越激烈的竞争，给人们增添了无形的压力，让人们对物欲愈加按捺不住。激情逐渐消退，价值观不断错位，真、善、美也被轻视，终日忙碌的我们，在不知不觉中迷失自我。置身这个信息爆炸的时代，媒体炒作之风愈演愈烈，人们对名利的迷恋和追逐，使得人生失去根基，生活的方向也不再明晰，浮躁已成为当下人们的一种流行病……所有这些，说明我们告别物质世界的贫穷的同时，正在走向精神家园的荒芜。

禅可以带领人们逃离这种困境。因为禅本身兼有具体性和创造性，可以全方位地说明世间万物的存在法则，引导人们重新客观、冷静地审视这个世界，帮助人们开拓属于自己的、具有圆满价值的世界。

禅对日本文化、艺术、经济、科技及人们日常生活的影响，正好可以证明这一点。

禅，自宋朝东传至日本，之后便传承不断，在日本佛教史、思想史、文化史，甚至整个日本历史上留下了深远的影响。时至今日，禅在日本早已超越了宗教范畴，与日本的艺术、文化，如建筑、美术、音乐、文学、花道、茶道、剑道等，融为一体，成为日本美学的精神源泉。同时，禅又渗入日本人的日常生活之中，与精神疗愈、人生选择、健康保健等紧紧联系在一起。有的人甚至说，禅是日本民族的灵魂。

这些足以说明禅对于人们的成长与发展具有很大的帮助。

因而，在现代社会，禅仍然具有巨大的存在意义。希望我们编辑出版的这套禅文化图书能得到读者的喜欢。

三

关于禅的书籍如此之多，我们为什么偏偏选择出版铃木大拙的著作呢？这要从铃木大拙先生说起。

铃木大拙是世界著名禅学权威，他用英文写成的大量禅宗著作在西方产生了强烈反响，因而被誉为“世界的禅者”。通过他对东方禅宗的介绍，禅学成为世界范围内的一种文化现象和思想潮流。可以说，铃木先生为东方禅学走向世界做出了突出的贡献。

还有一个更重要的原因就是，铃木大拙先生对中国禅文化、禅思想的研究是非常深入而又广泛的，他从中国禅宗思想中吸取养分，逐步建立起一整套禅的思想系统，进一步发扬光大了日本的禅文化，并给日本社会带来了积极的影响。出版其作品，除了系统地向国内读者介绍日本禅文化外，也能比较清晰地描画出日本禅文化的发展脉络。

铃木大拙的作品一直深受东西方读者的喜爱。他不仅深谙东方禅学要义，而且熟悉西方近代哲学、心理学方面的成就，因而，他常常运用现代学术用语来解说不容易说清楚的禅学智慧，使读者能迅速了解禅之妙谛。

基于以上原因，本社整理编辑出版了一系列铃木大拙禅学著作。包括《铃木大拙禅论集》系列、《禅的思想》《禅是什么》《禅学入门》《禅生活》《禅与精神分析》。

在本书中，铃木先生以自身对禅的深切体会为基础，深入透彻地解答了“禅是什么”这一命题，对于现代读者同样具有启发意义，尤其有助于人们自行自省、安顿心灵、挣脱藩篱，如实地看清生命的奥秘和人生的意义。

编者谨识

2016 年 7 月

新版序

我有个老毛病，就是最讨厌重读或修改曾经写过的文章，感觉就像给了别人东西再去要回来一样，总觉得修改文章是件令人心中纠结的事。所以，每逢再版自己出版不久的作品时，若无大错便会原封不动地再版。

当然，出版社和读者们一定不会赞同我的做法。所以，我总会因此感到心里不安。这或许是作者们共同的烦恼吧。

我并不看重旧作，因为我的思想在不断变化中。除文献考证类的文章外，修改那些记录着过去某个时期的感想和思想的文章时，总担心会失去文章原有的独创性和写作时的新鲜感。

因此，当重读自己的全集或选集时，我既为写过的东西感慨，又为文章的不足感到不安。很多人对我说：人生只有一次，不会重来，不必为人生犯过的错误太过思虑。这一点其实我心里也明白。总之，我就是以这种复杂的心境，将此书再次呈现给读过旧版的老读者们。

铃木大拙

序

本书根据 1926—1927 年，我在大阪中禅寺的演讲稿整理而成。目录也是按照演讲时的顺序排列。最初是想按照预定的顺序展开，但事非所愿。因为演讲不同于在学校授课，公开演讲时的内容会随着当时的心情展开，往往无法按照原定的讲稿内容进行。

妙中寺的大和尚是高畠眉山，他同时兼任镰仓佛日庵的住持。他的师父——福泉东阳老和尚已经圆寂。我学生时代时，老和尚给予了诸多关照。此次演讲稿的出版，希望能对世人有所帮助，同时也希望能成为对老和尚的一种报恩。

铃木大拙
于洛北，也风流庵

目 录

第一编

宗教体验的禅

第一讲

什么是宗教体验

在论述“宗教体验的禅”之前，我认为应该先给“宗教体验”下个定义。从严格意义上讲，“体验”不是人类独有的，动植物也有体验。“体验”是存在于意识基础上的事实，而意识又基于记忆而成立。从这个角度讲，最能充分表达“体验”一词含义的是人类。狗被人打后会因恐惧而逃走，这是狗的体验。这种“体验”不伴有反省，所以没有任何意义。人类则相反，人类“体验”的形成是以更深邃、更广博的意识为基础的。所以，“宗教体验”的使用对象只能是人类。那么，哪一类事实可以称为“宗教体验”呢？要回答这个问题，必须充分了解什么是宗教。

我想谈谈观察宗教的角度和立场

第一，如果把宗教作为社会现象来观察，宗教可谓是一种制度。如同组织机构一样，包含着本山、下院、檀徒、信徒等。通过这种组织结构可以看出，宗教反映出了一种社会关系。同时，宗教也是构成整个社会生活的一分子。近来宗教法案问题重重。宗教立法，正是因为宗教被看作是社会生活的一部分，才有立法的必要性。此外，浴佛节等被认定为佛教的节日，也是因为表现了宗教的社会活动性。

第二，我们可以从仪式的角度观察宗教。众所周知，没有仪轨的宗教不能称为宗教。任何宗教都有着各自的仪式，如经文的念诵方法、服饰装束，大大小小的仪轨和礼仪、祭祀等。没有仪式的宗教宛若没有肉体的心脏，没有躯体的灵魂。禅宗讲“本来无一物”。有人质疑：本来无一物的宗教，为什么还需要如此繁杂的仪式？宗教中的仪式不可或缺。如果缺少了仪式，宗教将如同幽灵一般，无法展现它的生命力。

此外，寺院的建筑也可以看作是一种仪式。将佛教的建筑与基督教、伊斯兰教及其他宗教加以比较后马上可以从建筑的外形中看出佛教与其他宗教的内在差异。宗教建筑这一外壳下包裹着不同宗教的真实情感生活，所以各个宗教之间的差异自然会清晰地显现在外观上。这有利于我们认知宗教的特殊性，我个人对这一点非常感兴趣。

第三，可以从理性角度观察宗教。对于人类，理性和感性是人性的根本，不可避免地要进入到宗教中。所以，宗教和理性是不可分离的整体。但是，社会活动不等于宗教，仪式也不是宗教的唯一组成部分。所以，理性无法构成宗教。理性和宗教的关系是不可分离的，这是不容置疑的事实。正是因为这层关系，宗教多多少少都会借助一些哲学的力量。

第四，宗教可以从道德的角度去观察。关于宗教和道德谁更具根本性？道德和宗教以谁为主，谁是从属等，一直都存在着诸多争论。从根本上讲，宗教不是道德，也不会建立在道德被破坏的废墟上。就像善人不一定是伟大的宗教家，伟大的宗教家所生活的时代不一定被当做善人。宗教有着道德之外的一面。在中世纪，基督教徒们面对各种道德层面上的非难，曾毅然起身反抗。佛教在某一时期也曾以某种形式，通过对人的杀害来获得宗教徒某种精神上的满足。今天看来，当时的观念是十分错误的。但这些观念却从另一个角度有力地证明了：宗教有着道德之外的一面。

以上是观察宗教的四个角度。无论我们如何巧妙地、科学地将四个因素整合在一起，都不意味着宗教的成立。因为还有另外一个因素，它才是构成宗教的最重要因素，我称之为“宗教体验”。如果缺少了“宗教体验”，上述的四个要素无论整合得多么完美，都无法形成宗教。所以，使宗教成为可能的是每个人的“宗教体验”。在今天，我们最应该思考的重点就是个人的“宗教体验”。

那么，宗教体验是什么呢？

每个人在到达“宗教体验”终点的进程中，交织着宗教的社会活动、仪式、道德和理性等。没有经历过宗教的终极体验，就无法感受到宗教的妙趣和真谛。妙趣如果无法显现，宗教就无法发挥其真正的功能。所以，我们一定要搞清楚究竟什么是“体验”。我们在这里暂不讨论可否对“心”进行分析。其实，体验就是我们的心。当我们的主观以“一定不变的某种态度”面对内、外境界时就会感觉到心的存在。“内在境界”这个词听起来有些奇怪，它是指隐藏在内心深处的思想活动。我们的主观意识始终是在用一种稳定的态度去面对。只有我们的主观意识在面对内、外境界时都能确保稳定的状态，宗教的意义才能成立。

精神层面的不满情绪在主观意识具有面对内、外境界的稳定状态之前是无法消失的。为此，我们的内心常常会感到烦闷、不安、焦躁。这是追求“能够有一个稳定的主观态度去面对内、外境界”过程中产生的不安和烦闷。只有人类才会有这样的感受，人类以外的生物和动物没有这种烦恼。所有的动、植物都会安于外界的现状。人类存在于神和动物之间，所以，心灵上的烦恼会一直纠缠着我们。

为什么人类无法摆脱精神上的烦恼呢？ 13 世纪德国的爱克哈特讲道，人类在追求内心祥和的过程中，最终会在对神的信仰中得到心灵安宁。悬挂在半空中的石头会永远动荡不安。人类也是一样，在观察内、外事物的主观意识尚未确定前，心灵上的烦恼会一直存在。

《阿含经》中多次出现“涅槃”一词。“涅槃”意为安稳，也可译为“常乐我净”。“常乐我净”四个字恰如其分地诠释了“涅槃”的含义。当我们的内心面对内、外界的事物时态度能够稳定不变，常乐我净的意义就会自然显现。常，意味着永远。乐，不是世俗的“享乐”，是指心有所属不随外界改变。我，是自由自在。净，是内心清澈、澄明。我认为，“常、乐、我、净”之中，“我”字最重要。这里的“我”是指内心自由自在，不被任何外界的事物所束缚。如果能够吃透这层含义，“常、乐、净”的含义自然融会贯通、不言自明。涅槃的真相存在于实证了“自由自在”后的境界之中。要记住，当你感受到精神上的不满足时，从另一方面恰好说明我们已经得到了满足。禅宗常说：“问在答之中。”意思是怀疑中已包含着相信。“叩门的，就给他们开门吧。”[1]这句话表达了同样的思想——询问的反面是明了。不满中已有着满足，不满中存在着满足的可能或满足的预期。

精神上有烦恼恰恰说明我们已经意识到生命万物都有局限性。对有局限性的事物感到不安时，心中就会产生烦恼。这时，我们通常会问：“真要这样痛苦一生吗？”如前所述，当你感到痛苦时，快乐的嫩芽已然萌发。痛苦终究是可以摆脱的。人类无论在社会层面还是个人层面都在追求着自由。外界存在着很多妨碍追求自由的事物，这些事物让我们烦恼。但烦恼也让人类感受到了自然和动物界无法得到的、难以名状的妙境。

---

① 译者注：出自《新约圣经·福音书》。

宗教意识是如何产生的

净土宗的“净”是“清净”。人生来就有原罪，是污秽的。所以，总是希望通过各种努力让自己变得无罪、清净，由此产生出了宗教意识。人类看上去要一生与痛苦相伴。人类面对现实时，只能看到理想和现实不同的世界。换言之，就是“有”和“想要有”的矛盾和冲突。这时，我们一定会感受到精神上的不满。现实虽然如此，当我们回归心灵深处，静静地倾听内心的诉说时就会发现，现实和愿望间有着巨大差距。每当遇到这种差距，内心都会愈发地不安。

《论语》说：“十有五而志于学”。孔子在十五岁时首次意识到了“有”和“想要有”之间的矛盾，并从此逐渐进入到深度的内省体验阶段。根据当代心理学家的观点，男性平均在十五岁、女性约在十三岁时开始感觉到心灵中的不安。为什么无忧无虑的孩子们在这个年龄段会感到不安呢？首先，年幼时孩子的内心尚未成熟，还没有自我意识。到了十几岁，开始隐隐约约地感受到内心的烦恼。从此，孩子们的内心开始斗争，并开始观照自己的内心。十几岁时，如果没有经历过这样的内心体验，在后来的人生中会通过疾病或事业上的失败补上这一课。

一天，宗教革命的主要发起人马丁·路德和朋友在田野上散步。突然，雷雨倾盆而至，朋友被雷击中当场死亡。目睹了这一场景的路德第一次深深地感受到人生的无常，从此开始研究宗教。因为某种状况所产生的内心激变，正是宗教意识的萌芽。人是在感受到内心矛盾时产生出宗教意识的。心理学家告诉我们，宗教意识的初次产生是在没有任何自觉的孩童时代结束后，内心和外界初次发生矛盾，开始重新审视自己内心时。

◇◇◇◇◇◇◇◇◇◇◇

宗教的真正价值在哪里

有人认为：宗教往往是因为生病、事业失败或人生遇到挫折，内心的平静被打破而产生的。所以，宗教都是病态的，健康的人是不需要的。这样的说法是愚蠢的。上述条件，只是促使宗教萌芽的一种肥料而已。让某种事物萌芽的机会终究只是机会，无法作为衡量事物真正价值的尺度。机会是单纯的偶然，必然出现的事物，因为遇到了偶然的机会于是出现了。宗教的真正价值是必然的，与偶然的机会没有任何关系。

在内心矛盾时期，一面是事实上的我，一面是在内心中寻求价值的我。我们内心的痛苦就源于二者间的矛盾。著名的生理学家梅奇尼科夫指出："大多数的生物在完成了生殖行为后会欣然死去。人类到了一定年龄后，也应该有随时可以欣然死去的阶段。"所以，我们要更加认真地研究人类的衰老问题。上述观点是科学家站在科学的角度阐述的。我认为：人类无论多大年纪，希望长寿的想法是永远不会消失的。无法相信人一生中必然会有欣然接受死亡的时期。我认为，这个问题应该从更深层次的本源上去寻求答案。

当代科学忘记了应该对价值问题做深层次的根本性研究。只把生物的“我”或个体的“我”作为研究的出发点。在今天，科学的进步只表现在对现实世界的成功研究，但对人类内心欲望的研究没有做出任何贡献。我认为：若不消灭“真我”之外的“生物我”，不改变科学研究的根本立脚点，人类不久将会走向灭亡。人类具有在超越现实世界的基础上建立价值世界的强烈需求，科学却企图完全否定人性中必不可少的这一部分。

净土不是童话故事，“欣求净土”更不是迷信。关于迷信和欲望的不同，后面会专门讲到。在这里我只想说，欲望是人类的必然产物。

◇◇◇◇◇◇◇◇◇◇◇

理性宗教与感性宗教

人的内心终会产生分裂，有办法挽救这种分裂吗？答案有两种：一是通过理性宗教来解决；二是通过感性宗教来解决。一般来说，佛教属于理性宗教，基督教属于感性宗教。佛教中，禅宗代表了偏理性的一方，净土宗或真宗则代表了偏感性的一方。当然，这种划分不是绝对的，因为理性中存在着感性，感性中也有着理性。人本不具备被用来分析的性质。今天的科学研究不把人当人，而是当做机器来分析，将分析的结果归纳成一个个固定的新概念。对人类来说，这一倾向十分可怕。每一位有生命的人都是一个综合体，完全没必要分为理性和感性。

我们如何才能解决这些问题呢？在回答这个问题之前，我先解释一下什么是“回心”。“回心”与我们平常所说的“穷极而通”中的“通”字相近。在我们的内心活动中，有很多“通”的事例。

通，在佛教中被称为“回心”。无论从理性还是感性的角度开始学佛，都会有感到山穷水尽的阶段。同时，宗教本身有着众多的阶段。当行至山穷水尽时，却往往会突然柳暗花明、瞬间脱离困境，这就是回心的意义所在。回心的感悟必须从自己的内心迸发出来。只有经历过痛苦的磨炼，人才能获得重生。没有亲身的经历，回心对你的人生将没有任何意义。有人不忍心看我们在痛苦中挣扎，会为减少痛苦提供各种帮助。无论外界为帮助我们如何大开方便之门，都于事无补。只有自己亲历九死一生、遍尝艰难困苦，才会大彻大悟。修行的路上，只有在山穷水尽又不能半途而废时，才会出现不可思议的现象——人的社会性奇妙地启动起来。外界给予的方便、帮助，终归是方便、是方法。自己的内心不经过洗心革面的彻底改变，就不是真正的回心。理性派的禅宗将回心称为“悟道”，感性派的他力宗称回心为“得安心”。

禅宗是十分理性的宗教，入门前需要一定知识。倡导他力的佛教宗派排斥知识。其实，那些表面看上去排斥知识的宗派，当你深入其中后就会发现，反而更加需要大量的知识和超人的努力。有过回心经历的都知道：开悟得道后的人，才可以有资格认为“知识是无用的”。

综上可知，在“悟道”或“得安心”的过程中，知识是必要的前提。拯救内心烦恼、摆脱现实世界，创建有圆满价值的世界等愿望产生的前提是必须拥有纵观全局的理智。想明确自己在全局中的位置，就必须对自己做深刻反省。在宗教中，知识是不必要的。在进入宗教或开始真正的宗教活动前，知识反而是必不可少的。这一点十分重要。

《阿含经》说："佛陀在菩提树下修行，最终证明了三菩提，随之悟道。"但佛陀在开悟前经历了四谛十二因缘的痛苦修行。事实证明，如果没有这段修行，没有这场知识的苦修，佛陀不会得道回心，更不可能开悟。［这里讲的《阿含经》，梵语标示为"agama"，意思是圣语。三菩提是阿耨多罗三藐三菩提（anuttara samyak sambodhi），译为无上正等正觉。］

第二讲

什么是佛教生活

佛教生活，也可称为佛教徒或佛教主义者。佛教生活是个新词汇，意为佛教徒的生活。在这一讲中，我想谈谈支撑佛教徒生活的核心思想。

禅宗是佛教吗？——禅宗可以称为佛教

开讲前，先诠释或定义一下我所理解的“佛教”。这个问题迄今处于极度模糊的状态，很难将其明了。出生在日本的我们，平日多少会接触到佛教。所以，当人们谈到什么是禅宗、真宗、真言宗时，多少是有一定了解的。当对佛教一无所知的人在谈论“什么是禅宗”时自然会被质疑：“禅宗是佛教吗？”

最近，在海外和日本，研究印度原始佛教即佛教早期教理的学者辈出。通过他们的研究，原始佛教的教义比过去清晰了很多。这一进步推动了佛教理论研究的整体发展，很多内容都随之明晰起来。当他们依据佛教研究的最新成果来看佛教时，肯定会提出：“禅宗属于佛教吗？”

宗教学家帕拉特是美国宗教学研究第一人。他访日时曾经问我：“究竟什么是禅宗？”又说道：“常有日本学生来我校留学。一位留学生说他曾经修过禅。既然修过禅宗，我便问他，‘禅宗如何解释四谛、十二因缘呢？’他回答说，‘没有听说过什么四谛、十二因缘，禅宗也不认可四谛、十二因缘’。”

从某种角度讲，这位留学生的回答有些道理。但从普遍意义上讲，这种说法令人匪夷所思。四谛、十二因缘、八正道是佛教的最根本教义。作为佛教中一个流派的禅宗，竟然声称与佛教的根本教义没有关系，看来帕拉特“禅宗是佛教吗？”的疑问是不无道理的。

那天起我开始想：我和大家一样，一直认为禅宗就是佛教，不曾有过丝毫怀疑。听到这样的疑问后，意识到很有必要从历史的角度对佛教进行研究。研究统称为“佛教”的这一宗教时，不能只停留在对现状的研究，很有必要同时从历史的角度展开。

后来，我对这个问题做了深入思考，还查阅了大量书籍。我认识到：需要更广义地认识和理解佛教。人们习惯将佛教笼统地理解为“佛陀的教诲”，其实不然，“佛陀的教诲”包含着复杂多样的深刻含义。不能透彻地理解这些深刻含义，人们常说的“佛教”“佛陀的教诲”等都不具备一定的、共同的、普遍的统一标准。

◇◇◇◇◇◇◇◇◇◇◇

佛教到底是什么？

下面谈谈佛教是什么？佛教由哪些因素构成？为什么禅宗可以称为佛教？为什么真宗也可以属于佛教？

禅宗中没有四谛、十二因缘。真宗认为念诵南无阿弥陀佛便可往生。这些主张在原始佛教经典中是没有答案的。

佛教到底是什么？禅宗回答说：“狗子也有佛性”。真宗会说：“弥陀本愿便是佛教。”如果这些说法在原始佛教的教义中得不到认可，禅宗和真宗又为什么被称为佛教呢？究竟什么才是佛教？

◇佛陀的人格有不可思议的力量

构成佛教的要素有三个，也可以说是四个。第一是佛陀的人格，这是构成佛教的重要因子。佛陀的人格异常宏大，他伟大的人格对自然界及人类的人格有着重要影响。因为佛陀具有伟大的人格，所以佛教的生存和发展，在今天依旧是以佛陀为中心的。宗教——无论任何宗教，都以人格为核心。无论是原理，还是原则，要想真正发挥作用，就必须以人格为中心。

从哪里可以看出佛陀人格的伟大呢？《阿弥陀经》中有答案。在这部经中，佛陀的尊颜被描述为“光颜巍巍”，就是容颜散发着光芒，威仪庄严如山峰一般。描述佛陀的身体是：“身体比常人健硕，焕发着种种尊贵的金光。”这可理解为是信徒用虔诚的信仰心为佛陀贴上的金箔，也可客观地认为就是佛陀在放着光明。即使上述现象存在，如果你没有亲身经历过活生生的、不可动摇的心灵体验，你的心中就无法形成佛教的伽蓝。若想在心中建设佛教伽蓝，不可或缺的是佛陀伟大的人格。这是人格的光芒。当释迦牟尼这一历史人物放射出人格的光芒时，佛陀就成为了佛教的核心。

传说有位佛弟子在路上行走，我记得应该是舍利弗。在印度现在也有很多哲学家和求道者，但在佛陀那个年代人数更多。求道者和哲学家们看到佛弟子神态从容淡定，不禁上前问道：“你的表情如此宁静祥和，是怎么做到的？”舍利弗回答：“听了释迦，也就是乔达摩讲法后，心便安宁了。心灵安宁后，法德滋润了我的身体。”求道者们闻听后纷纷去皈依了佛陀。众多信徒纷纷皈依和仰止的释迦牟尼佛，有着什么样的容貌呢？他的容貌是万德庄严，焕发着庄严、神圣的光辉，有着不容侵犯的威仪。这威严不会拒人于千里之外，而是平易近人。就像有着宽广胸怀的父亲，心中充满了慈悲。如果佛陀只是发出神圣光明、显现出无比威严，心中没有慈悲的话，他的教诲无论是多么正确的真理或理论，都不够圆满。

我们评价一种理论时，虽然嘴上说着“原来如此”“确实有道理”，但内心深处却不一定完全相信。只是让人感觉到“原来如此”的理论缺乏力量和生命力。我们不仅相信话语的真实性和逻辑性，关键是更相信隐藏在说话人真实语言后面的人格。在真实的话语和理论的基础上再加上人格，会让听者在言语之外感受到一种压力，产生出必须要相信的意识。这一点非常重要，也是所有宗教在教诲之上添加教主人格的原因。宗教的教诲无论多么真实，都是不圆满的，其中一定要有尊贵的人格。布道不单纯是靠法，主要是靠人。传法时若加上高尚的人格，就不是二加二等于四，会产生二加二等于五的效果。这是信仰产生出来的奇迹，更是“人格有不可思议的力量”的具体体现。有时，人格具有超越真理的力量。纵然有些理论上的矛盾和不合理，只要加上人格因素，听者便会欣然接受并认可。

我们就是这样不究竟，就是这样地信仰着佛教。佛教的“无我、十二因缘”等，大可不必像某些学者解释得那么晦涩难懂。增添了真理之外的力量后，即便言语出现些偏差，说法的人只要是具足摄受力，令人感受到威严，我们就会不由自主地深信不疑。在弘扬宗教的过程中，人格是必不可少的。

亲鸾圣人曾讲过：“我只相信法然上人。无论是下地狱，还是去极乐世界，只要是法然上人去的地方，我就会追随而去。即使是地狱，只要师傅在就不会孤单，只要师傅在就无所畏惧。”将人作为绝对他力去依止的背景，就是源于佛陀的人格力量。只有在宗教的背景下，这一说法才能成立。佛教的信仰，离开了释迦牟尼的人格是不可想象的。佛陀的人格一定是信仰的最核心内容。禅宗的一些僧人常说：道和人是不同的。这说明他们还未真正理解什么是道。如果禅是一种哲学体系则另当别论，当禅是宗教时，就更要以人格的力量为背景。

◇佛陀一生最重要的事情是成道和涅槃

下面谈谈佛陀的经验（体验、实践），这个问题很重要。有人说：这不应与人格分开。人格是连续的经验所形成的，专门谈经验是多余的。这种看法我不敢苟同。我们感受到的人格力量是个整体，经验是在面对生活中的具体事情时产生的意识。佛陀一生中最重要的事情，一是成道，二是涅槃。

佛教的一些宗派并不重视佛成道日。在禅宗却意义重大，特别将每年的十二月八日规定为佛成道日。从历史角度看，不能肯定十二月八日就是佛成道日。实际上只是将一个史实定在了十二月八日而已。这么定也未尝不可。也许真正的佛成道日是十一月三日，但源于一些历史的原因定在了十二月八日，并这样传承了下来。因此，今天的十二月八日就成了佛成道日。佛陀圆寂的二月十五日是涅槃会。佛教徒对这两大事件极为重视。因为开山祖师的一生对继承本派法脉的人们有着巨大的影响。佛陀的一生也是如此。谁都会有死去的那一天。佛陀也好，凡夫的我们也好，都有一天要死去，这无需再费口舌。但每人死亡的性质却有所不同。将佛陀的涅槃和耶稣的死亡加以比较，就会清楚地知晓其意义所在。据记载，耶稣一生中真正传教的时间只有三年。这三年中，处于壮年的基督猛烈地传教，结果却被钉在了十字架上。相反，佛陀在成道后的四十九年间，据传是“一字不说”。如果佛陀真是“一字不说”，八十年的生涯将会多么平静、无虑、从容无为啊！

佛陀如此平和的生涯，缘于他的涅槃有着特殊的意义。佛陀涅槃时由于是在传道途中，当时能够召集到的只能是住在附近的弟子们。也许只有一两个人，或许只有阿难一个人。总之，只是集结了当时在附近传道的弟子，所以人数应该不多。

涅槃时佛陀的表情十分安详，向众生示现了缘尽而终的相。有些书中还写道："佛陀本可长生不死，为向众生昭示无常，方才进入了涅槃。"圆寂前佛陀谆谆开示："我死后，你们要将'法'视同自我，遵循佛法并将法传承下去。"这一场面，给在场的人留下了深刻印象。现在，很多地方都可以看到佛陀的涅槃像或涅槃画。

佛陀诞生的日子，被称为佛诞日、浴佛节。这一天正值阳春三月，如今，城市里的佛诞日前后，日本各地都要举办"赏花节"，这一天已经成为盛大的民俗节日。

有人认为，佛诞生时说的"天上天下唯我独尊"是后人根据佛教的故事编造的。纪念佛陀诞生，就是纪念伟大人格的出现，并通过纪念活动，在大地上留下深深的印记。没有比佛陀涅槃更让人痛苦的了。与其将佛陀涅槃看作"是生灭法"，不如说涅槃象征着"将该做的事做完后"祥和、安稳的心境。

◇不要一味僵化地固守"佛的教诲"

成道，不同于上述的人格和体验，与佛教的第三个因子——佛陀的教诲有着重要的关联。所以，我要在这里讲一讲。

一般说来，佛教就是佛说的话。要读懂佛陀教诲，需要有准确的角度。佛的教诲中蕴含着深奥的真理。如果在今天仍旧教条地、原封不动地套用佛陀当时的原话，我认为应该打个大问号。记录下来的佛陀教诲反映了佛陀在世时人们思想的智慧，这样的智慧不可能超越时代的高度。佛陀的人格千秋万代都不会动摇，如果佛在今天说法，一定会与时俱进，具有全新的时代特色。

这样说很容易被误解，我想表达的是：在当今，佛法蕴含的真理会与当代人的思想意识融合得更加巧妙，理论的应用也会有与时俱进的发展。与佛陀在世时相比，我们今天对佛经的理解和分析会更加细致和准确，理论研究也有了相当的进步。

两千五百年前的教诲，是佛陀在成道的基础上，针对当时人们的智慧所说。佛教始终是以佛陀开悟为背景的。佛的教诲是经验和道理的相互交融，并不单指说法。拘泥于字面意思理解佛教就会犯大错误。佛的教诲对不了解佛教的人来说，是与己无关的。对喜欢研究佛教的人，却有着无限乐趣。

提出一个话题供大家参考。佛一生所著的藏经中有许多矛盾和冲突。中国的佛教史说到底，就是煞费苦心地去调和这些矛盾和冲突。日本佛教也不例外。从事新时代学问研究的人可能不会这样做。传统思维的人依旧将佛的一代藏经分为五时八教，其中有《法华经》《无量寿经》《华严经》等。经书中的思想，在性质上有着不好协调的内容。

这些问题应如何协调呢？佛陀是我们的救世主。如此伟大的佛陀，在其教诲中出现了种种矛盾是很棘手的。当一卷经书中的思想与其他经书的内容矛盾时，仅靠我们自身的力量是无法解决的。因为这是经典间的矛盾。这就如同对症下药，病症不同药也不同。说法也是如此。佛陀针对孩子、大人、女人的具体情况契理契机对症开示。况且，佛陀成道后四十九年间说过很多法：《华严经》就是佛陀成道后处于三昧状态时所说；《法华经》是在《华严经》之后；涅槃是最后的说法，《阿含经》则是初期所讲。

一些学者按五时八教分类，一些学者则按讲经对象——即经典是针对哪类人做的开示——进行分类。可谓不辞辛苦。可以说，中国的佛教徒一直在为此呕心沥血。

用当代批判的历史态度审视就会发现，简直是不可思议。在今天的经书中，竟然不知道哪些是佛陀所说。这是我提出“定义佛教和认真研究构成佛教的元素”的理由。经文开始的部分常常出现“如是我闻”的表现形式，这一形式并非就是历史的真实。因此，很有必要在此探讨第四个因子，即构成佛教的第四个元素。

◇佛教的生命力来自何处？

佛的人格、体验、佛的教诲尚无法构成佛教，还需要后佛陀时代中佛教徒的实际生活体验，这是构成佛教的第四个因子。这样佛教才真正有了生命力。如果佛教仅是有佛的人格、经验、教诲，可能已经变为化石。没有生命力的佛教，无法生存、发展，更谈不上活在信徒心中。

佛教至今已传承了两千五百年，续佛慧命的根本就是佛教自身的生命力。这生命力来自何处呢？来自拥有虔诚信仰的佛教徒。他们用宗教体验和心灵的领悟不断地丰富和完善着信仰体系，使佛教得以生存、发展。佛教的第四因子是真正推动佛教生存、发展的重要力量。

考虑第四因子时，不能对佛的教诲生搬硬套。佛陀为病人开出的药方只有一种，要将其变为适合自己病症的药方后服用。这样的解释可能会便于理解。一直以来，传统的解释都以佛为中心，认为佛根据每个人的病情，开出了很多药方。在今天，我却解释为佛只开出了一个药方，需要将药方调整为适合自己病症后服用。在调整的过程中，每一位佛教徒都要将自身的力量融入其中。

人们一直认为，将佛的人格和教诲放入自己空虚的内心便可。今天，我要提出相反的想法：有信仰的佛教徒要用佛的经验和教诲去印证和对照自己的信仰，从而摸索出适合自己的修行方法。每一个佛教徒都能创造出适合自己的修行方式。同时，还要将创造出的成果回馈到佛法的海洋。这一点很重要。

佛陀创建了原始佛教。佛教自身的传承和发展，需要世世代代的佛教徒不断地将自己的创造加入其中，在继承和保持佛教传统的同时，为佛教这座大厦添砖加瓦。人的能力有大小，贡献自然也有多有少。印度有龙树菩萨、天亲菩萨等伟大的贤达；在中国有达摩、智者大师以及善导等，他们为佛教的传承和发展做出了巨大贡献。日本有亲鸾圣人、法然上人、日莲圣人，还有禅宗近年出现的白隐和尚等。他们在佛法的传承和弘扬上起到了清其浊、通其流、旺其势的重要作用。我们这些凡夫俗子，同样为佛教的继承和发展贡献着微小力量。人类需要伟大的人物，但小人物同样有其存在的意义。表面上小人物们只是跟在大人物身后，似乎没什么作用。如果没有小人物，大人物必将失去风采、一事无成。是凡夫俗子们成就了大人物的丰功伟业。小人物不为人瞩目，却能将无数微小的力量凝聚起来，默默无闻地推动着伟大的佛教事业前进。小人物力量虽小，却发挥着不可或缺的作用。哪怕是默默无闻的佛教徒，只要他们存在，一定会从中产生出大人物。佛教的大伽蓝就是建立在普通信徒的基础之上。我们将这些普通人称为大众、民众。称呼不重要，关键是如果构成佛教基础的普通信众不多、范围不广，领军的大人物也无法发挥作用。一般信徒是产生大人物的基础。佛教的大河中不仅融汇了佛陀的教诲和体验，还有着众多信徒的生活体验。绝不是大人物贡献就大，普通信徒贡献就小。普通信徒为佛教的发展做出了应有的贡献。以造山为例，大人物一个人能干几百、几千人的活，而一般人只能添一两铲的土。虽然少却不是什么都没做，毕竟尽了一铲土的力。这样去考虑和看待大、小人物的作用，就可以清楚地看到佛教一直在不断发展。看不到佛教这一鲜活的生命力，佛教就会死去。我的结论是，“我们从佛教的发展中摄取养分、滋养身心。然后将修行的收获重新回报佛教，促进佛教发展”。

什么是佛教生活

如果说佛教由四个因子组成，那什么是佛教的生活呢？佛教徒的生活，就是不断地将自己的力量融入佛教传承的事业中。佛教的信徒们不断地从信仰佛教的过程中消化、吸收滋养身心的养分，使之成为自身的一部分。然后，再为弘扬佛教贡献自己的力量。如同向国家纳税：平时，我们从国家获得各种福利，在享受福利的同时，又向国家纳税，国家将税收再用于财政支出。由此看来，佛教徒个人的佛教生活不仅影响自己，同时对佛教的整体发展发挥着直接、重要的作用。

重要性是如何体现的呢？力量有静有动，即静止的力量和动态的力量。静止的力量固然重要，但动态的力量更为重要。平时我们很容易忘记这一点，是因为我们不关注佛教的变化，只知一味僵化地固守“佛陀的教诲”。我们如果理解了佛陀的教诲是有生命、有变化的力量，就会促进佛教发展、增强佛教作用、丰富佛教内涵。佛教不要固守同一形态，应呈现出多彩的变化和多样的生活方式。

构成佛教的各种因素除了佛的人格和体验外，要将佛教徒的各种经验、体验和思索增加到信仰和学习佛法的过程中，用以丰富佛教的内涵。其实，佛是可以多种多样的。

假设有块一尺见方的石头，经过三四千年的漫长岁月没有任何变化，它就是一块死石头。同样是这块石头，伴随着岁月的变迁逐渐增大，变成了一块布满千年或几千年青苔的巨石，这块石头就是有生命的。我们应当去关注这样的生命力。

中国古代的佛教徒将佛陀一生所说的法分为五个时代。根据经文内容、所处时代，将佛的一生所讲分为《法华经》《华严经》《阿含经》等时代。然后，再用这五个时代去应对佛一生的不同时期。我认为没有必要。佛教徒的经验，不仅是个人的经验，其中已经包含有佛陀的经验。在佛教徒的体验、思索中包含着来自佛教源头的力量。

我是佛教徒，过着佛教生活。那么佛教生活的表现形式是什么呢？佛教生活不仅展现个人的个性和人格，更带有佛教生活的普遍性。佛教生活中的普遍性又是什么呢？是通过一个人的日常表现，可以展示出佛陀的人格、经验和思想。这样解释佛教生活，佛教中许多费解的问题就不会发生了。这个解释如果成立，每个佛教徒的佛教生活中一定也包含着其他佛教徒的佛教生活。正如中国著名华严哲学家所说，“正中间放置一个发光体，四周放上许多镜子。中间的发光体将光源射向周围的每一面镜子，射到周围镜子上的光又照向其他镜子。镜子之间相互照射、反射”。下面的论述就直接应用了他的思想。

个人的佛教生活中包含着世界上其他佛教徒的生活，同时也融入其他佛教徒的生活之中，借此相互滋养。每位佛教徒的滴滴之水都将汇入佛教的巨大洪流，推动着它不分昼夜地滚滚向前。因此，佛教在发展过程中出现禅宗、真宗是不足为奇的。

◇◇◇◇◇◇◇◇◇◇◇

佛教生活的内容有什么

◇佛教生活的本质是正觉

至此，我们仍未解释清楚什么是佛教徒、什么是佛教信仰者、什么是佛教生活。是否需要对佛教徒、佛教生活的内容做出更明确的界定、更清晰的解释呢？

我认为，佛教生活的本质是阿耨多罗三藐三菩提，就是正觉。具体地讲，阿耨多罗是无上，三藐是正，三菩提是觉。佛教生活的核心就是三菩提，即正觉。从历史角度看，佛陀在菩提树下悟到的正觉，成为佛教的主流。正觉是以三菩提为核心的。有人认为没有必要在今天高调重申它的意义。但迄今为止，真宗等宗派依然不明白正觉的意义，这是今天重提正觉的原因所在。正觉是佛教的中心思想，只要能正确地认识正觉，不管你是否知道佛教教理中的四谛、十二因缘，你都是合格的佛教徒。这一点十分关键。

佛陀一生说法，就是为了向世人开示菩提树下的正觉。佛陀的教诲被后人整理成书，书中的文字内容被奉为佛教经典。在文字背后支撑着佛陀思想的便是正觉。在理解正觉时，一定要注意以下两点。

正觉被如此重视，是因为佛陀一生中发生了很多事。其中有两件事最能打动人心，那便是前面说到的涅槃和成道。如果说涅槃是显现了佛教的存在形式，那么成道则给了佛教灵魂。涅槃是相，现出了佛陀的相。这个相源自成道和正觉。作为佛教徒，这两点必须牢记。

我认为，真宗倡导的借他力、往生极乐净土、念佛等，都背离了佛陀的正觉。真宗强调如来本愿，祈求让如来本愿救度我们这些有罪之人。认真、深入地研究真宗的经典内容就会发现，真宗的目的不是往生极乐世界，它的终极目标只是正觉。

真宗“成正觉”的含义是：世界是污秽的，每个人身上背负着太多的深重罪业，多到一个人根本无法承受。所以，我们无法在这个世间“成正觉”。只有仰仗弥陀的本愿往生极乐世界后，在那里修成正觉。

真宗与禅宗都主张修成正觉。一个主张在今世修成，另一个则放弃今世到来世去修成。放弃今世的说法多少有些新意，但终极目标还是着眼于成正觉。真宗认为，成正觉后并不一直待在极乐世界，而会重返世间，真宗称之为“还相回向”。真宗经常将“往相回向”挂在嘴边，“还相回向”却不太多说。“往相回向”就是在往生极乐世界后，并不只是住在那里，而是在悟得正觉后，重返人世。我认为这是真宗的终极目标。这在佛教中也十分重要。佛陀在尼连河畔的菩提树下悟道后，已得正觉的佛陀想：“我已进入涅槃，修成了正觉。我来到世间，只为修成正觉。今日终得正果。完成了使命的我要进入涅槃，将正觉和涅槃合为一体。即使讲给世人，他们也不会理解涅槃的意义。”在今天，佛陀的想法从心理角度和心理学原理去理解是真实又合情理的。从禅宗或其他修行人的经验来讲，也理所应当。这是小乘和大乘佛教都认同的。如果事实确实如此，佛教的慧灯不会传承至今。

◇修成正觉是个人体验，也是社会体验

正觉即便传到世间，世人也不会懂，这是知识层面的想法。佛教如果只是知识，早就消亡了。佛教中除了理性还有社会性，这就是“众生无边誓愿度”。这是禅宗和其他宗派的和尚们天天念诵的。这四弘誓愿偈的第一句，究竟意义何在呢？它从正面肯定了人的社

会性。

修成正觉是个人的体验，同时也是社会体验。不能满足于正觉的个人体验，要将个人体验立即转变成社会体验。如果不能及时转变，也可换个角度，直接将修成正觉的体验看作是社会意识在个人意识中的具体体现。是社会体验产生出了个人体验。如果只注重个人体验忽视了社会体验就会偏执。

佛教中有智有悲。悲即同情。一旦成就正觉，应立即将正觉回馈给社会，正觉不属于自己，更不能一成正觉就进入涅槃。不能以“世人不会理解”为借口，不去弘扬正法。一定要把开悟的体验回馈给社会。社会体验也不能只局限在人类社会，要把它弘扬到大自然的山川、草木、国土中。佛陀在开悟时曾大喊：“奇哉奇哉！大地众生，草木国土，皆具如来德相。”这就是最好的例子。当你在某一个时空点开悟后，一定要立即将社会体验演变为自然体验。成佛不只是人类社会，自然、草木、国土也要成佛。就像狗子也有佛性一样，正觉同样会显现在草木、国土中。人类称为低级动物的动物们也在其中。这就是一切即一。我相信自然意识——人类对于自然界的体验，也同样包含在“一”之中。这一点很重要。不能只停留在个人层面，一定要传播到社会层面；也不能停留在社会层面，要继续传播到动物、草木之中，让万物融为一个浑然整体。整体中包含有个人、社会、自然和一切事物。只有这样，正觉才会利乐一切有情。

经书中有这样的记载：佛在菩提树下成道后，认为没有人能够理解正觉，所以准备涅槃。此时，一位婆罗门（即梵天王）出现了。他对佛陀说：“佛陀您不能这样想。世上有理解正觉的，也有不理解的。不理解的，可以给他们讲明白。佛陀成道就是为了要度化世人。佛陀不能涅槃，请您为世间说法吧。”听了婆罗门的劝告，佛陀便来到世间说法了。

今天看来，这样的故事过于戏剧性和文学化。其实，宗教有时恰恰需要这样的传教方式。设定人物和场面，都是为了让世人加深对佛教的理解。一直沿用传统的说教方式来诠释佛教的人，对我的观点会感到难以理解和不合常规。总之，无论过程如何，结果是佛陀听从了梵天王的劝告开始说法。

今天的学者们往往会这样自荐：“我有这样的专长，你们录用我吧！”或者说：“我很了不起，社会需要我这样的人。”

根据东方的思维模式，如果一个人有很高的德行，自然有人请他出山。在被世人请出之前，自己不会主动去毛遂自荐。

这两种模式中，大家认为佛陀是应邀而出，不是自己主动出山。虽然有日莲圣人主动说法的例子，但受邀而出的效果会更好一些。虽不能一概而论，受邀出山毕竟好一些。

有人事前知道有要做的事，并坚信非他莫属，才出来担当。也有人明知自己不行却硬要出头。从宗教意识的心理学角度分析，佛陀在成道的当时，是想让“正觉”留在自己心中的。

我用上述语言解释社会性和社会体验是恰好吻合现代人心理的，相信会得到现代人的认可。

◇随着时代的发展，佛陀的教诲也有很多变化

下面说说“法”。个人体验的正觉和佛陀的教诲称为“法”，或称说法。说法不是将体验仅仅停留在体验的层面，而是要用语言表达出来，并上升到思索的高度，从而使二者合一成为“不二”。体验，如果不用语言表达出来，就不会有思索。要讲出来是因为社会的存在。人世中如果只有自己，不会产生语言。因为有社会，才会产生语言。于是，思索也成为可能。言语是思索的表现形式，没有这一表现形式，思索无法发挥作用（不仅语言，肢体活动也是表达的方式）。让思索不停留在思索中，而是用语言表达出来，由此构建出一个完整体系。这个体系就是法。

虽说“佛陀四十九年一字不说”，事实上，四十九年间佛陀一直在应邀说法。这说明，表达需要借助语言。人类必须思考，但不能仅仅是思考，必须以某种形式表达和发表出来。因为人是以某种方式表达想法的动物。

我读过一本书，但记不清作者的名字了。书中记述了他十年牢狱生活的感想。狱中孤独的他，曾把蜘蛛当作朋友。无论是蜘蛛，还是死人，甚至是无情之物，只要投入人的真实情感，自然会与对方成为朋友。人的社会性是无法否定的。

英国作家奥斯卡·王尔德的《狱中记》一书中，有这样一段内心独白：

春天仿佛到访，

放眼牢房窗外，
花蕾已在树枝上，
春姑娘来到了身旁。
狱中孤独的我，
无处倾诉衷肠，
唯将心中所想，
遥寄在姑娘的花蕾上。

菅公[①]被流放筑紫时，曾写过一首和歌：

东风轻拂面，
心盼送来阵阵香，
梅花绽芬芳。

由此可以看出，人可以把内心情感寄托在一朵花上，并与花儿融为一体。此时，我们可以读懂花，花也会读懂我们。这就是社会意识。当我们将自己的内心寄托于对方后不久，无论对方是草木也好，畜生也罢，都能感受到我们的心情。无论社会还是自然都活在

① 译者注：菅原道真。日本平安时代中期公卿、学者。

我们的心中。当自己的内心为外界所动时，说明自己的内心与对方在某一点产生了共鸣。对方可以不是蜘蛛，但较之草木，蜘蛛是活物，是有感情的，与人类的共鸣会更多些吧！这也不能一概而论。藤田东湖曾说过“瓢啊瓢，吾爱汝”。就是在告诉我们：瓢知道我内心的感受，所以我爱它。

有人会说，瓢是无情之物，根本无法理解人的心情。其实并不尽然。一位禅师向石头说法时，石头作为回应向他点了点头。点头，说明石头也可能会懂我们的心。我们常常会想，只要有决心就一定能做到。这就是社会意识的作用，社会意识赋予人类巨大的力量。总之，只要社会性还在起作用、人类还有社会意识，就必然会需要语言。

蠢人和天才，两者拥有同样的天赋，天才知道如何表现天赋，而蠢人不会。同样的岩石，一块被雕塑家雕成了精美的雕像，另一块不做任何加工，依然保持原状。结果，一块变成了叹为观止的神像，另一块仍旧只是岩石。愚人不会表现自己，自然就丧失了表现的机会。愚人和天才就差这一点。两者具有同样的天赋，蠢人也可能会成为天才，天才也有随时成为蠢人的潜质。就看会不会展现自己了。

因此，人不能只停留在“自己知道”的阶段，必须要将学会的东西表达出来，表达时还要加以各种解释和说明。于是，各种各样的经书就出现了。经书随着时代发展，内容也会有很多变化。当你读完上述的解释后，变化的理由就不言自喻了。

第三讲

佛教的一些基本概念

佛教是理性的，但又离不开修行实践

佛教总体上是偏理性的。为弄清这一点，可将佛教与其他宗教作一比较。大多数人都喜欢和基督教相比。与基督教的感性相比，佛教的确是理性的。

佛教融入日本人的生活一千多年来，影响了日本人生活的方方面面。如同人随时需要呼吸，两者的关系已密切到感受不到对方的存在。早期的欧洲学者研究佛教时，可以轻易地就指出很多日本人平时注意不到的问题。他们认为：佛教是理性的宗教，宗团是以道德标准为基础构成的。近来，这一说法虽不盛行，但刚开始研究佛教的人仍认为佛教是“极为学术性、科学性和理性的宗教”。这可能是由于原始佛教有着显著的理性倾向。

佛教的传承，主要依靠文学形式传播。最具代表性的文学形式：一是巴利语系佛教；二是梵文佛教。欧洲研究佛教，一般是从巴利语佛经开始。巴利语的佛教经典并不等于原始佛教，但巴利语系佛教经典很好地展现了原始佛教的形态。因此，有些学者将巴利语佛教看作是原始佛教。巴利语系佛教是相当理性的。

传到中国、朝鲜、日本的佛教是梵文佛教。梵文佛教的兴起远远落后于巴利佛教，是佛寂灭五百年后形成的。学界普遍认为，梵文佛经中的思想虽偏理性，但与原始佛教的巴利语系佛教相比，梵语佛教相当感性。无论原始佛教还是后世发展起来的佛教，两种不同表现形式的佛教有着共同的修行方法，这便是戒、定、慧。以“三足鼎立”的状态，共同构成了佛教修行的纲与目。

无论佛教多么理性，终归不是哲学、伦理、学说。所以，佛教最重要的还是实践。修行实践离不开戒、定、慧。无论原始佛教还是后世兴起的佛教都一样。

戒、定、慧也称为“三学”。这里的“学”，并非学问的学，是指在实践中学佛的学，即修行上的学修、修得。

戒有很多条款。如五戒、十戒、二百五十戒乃至五百戒等。内容都是“不许做什么”的禁止事项。戒是用来禁止和规范修行者行为的。禁止的都是违背道德的行为。有人因此认为：戒律没有宗教气息，很像伦理学会。

定是指禅定，即坐禅。坐禅，在印度是修行的主要方式，其他国家并不发达，印度却很盛行。结跏趺坐的坐禅形式传说是按照天王、天、人的顺序传到了人间，是一种难能可贵的修行方式。坐禅修行的结跏趺坐，通过佛教传入中国、日本。得到了禅宗的格外重视。

慧是智慧、般若。智慧一般分为两类。其中一类是学问上的。这种智慧可以通过自学、他人的教授、跟随他人学习学到。例如数学，优秀的老师用两到三年时间就能够将一定的数学知识传授给我们。我们也能从老师那里学到相当程度的数学知识。在科学知识方面，几千年前的佛陀和孔子，在数学或其他学科可能都不如我们。

世上还有上述方法学不到的智慧。它无须别人传授，而是在自己的心中油然而生，可以称之为“直觉的智慧”。戒、定、慧中的慧，包含上述两种智慧，心中自生和通过学习获得的智慧。

佛教在修行中重视心中自生的智慧，而不是学来的智慧。戒、定、慧中，戒是有训练性的。定可以说是一种严肃主义，是伦理、学问范畴的严肃主义，它反对放荡和自甘堕落的生活，展现出严格的形式。禅宗的僧人修行时，始终保持着极为严肃的态度。需要做的一定做，绝不妥协。这种严肃主义就是戒。

慧是理论主义。与严肃主义相比，慧是理性至上，将理性视为无上的存在。由此可知，原始佛教和佛教都十分倾向理性。

若没有情感，宗教就无法发挥作用

单有理性无法形成宗教。宗教中除理性外，还要加入感性元素。经文中说：“情为足，知为眼。不可有眼无足，亦不可有足无眼。”父母疼爱孩子，若情感多于理性，则会对孩子一味溺爱，不会有好的教育效果。对父母的爱，尤其是母爱中的盲目性，要用理性去矫正。总之，宗教若没有情感就无法发挥作用。绝不能一个人开悟后就钻到山里不出来了。必须要到世间去弘法，要弘法就离不开情感。做生意也是一样。实际上，商海中并不仅仅是金钱关系，并非赚钱就好。问问生意人就可以知道，在商海中打拼，没有人情味和情义是做不成生意的。做学问也是这样。如果只有学术理论，不考虑人的情感，生活将会多么枯燥乏味啊！净化人类灵魂的宗教，更不能没有情感。与巴利语佛教相比，梵语佛教之所以昌隆，其深层次的原因就是有情感。梵语佛教就是大乘佛教，因为主张悲智双运，所以称为大乘佛教。

进一步讲，如果没有大乘佛教——这一悲智圆满的宗教出现，佛教不可能传承到今天。如上一讲所说，佛陀在尼连河畔的菩提树下悟得阿耨多罗三藐三菩提后，正要进入涅槃时，戏剧性的一幕出现了。梵天出来对佛陀说道：“你已成道可以进入涅槃，这对你个人可能会有好处，但世界却依旧黑暗。要用光明照亮整个世界！通过思考所悟出的尊贵真理，并非世人皆不能懂，还是有人能够理解的。他们需要你的救度，请不要涅槃。”佛陀听后应允道，“那么好吧！……”于是不舍众生再来世间。

从这一点来看佛陀的行为，会发现其中有人类的本能作用。人绝不是独立存在的，自我里已经包含有他人的存在。所以，纯粹独立的想法是不成立的。在谈我时就已包含了他人和社会。佛教范畴的社会，包括人类、动物、植物等有情及无情的全部，是无边无垠的宏大社会。佛教将社会称为法界，法界是社会的背景。自我就是在这个背景下产生的。如果离开法界，自我就会失去生命，不复存在。如果一定要强调自我的作用，也因为是法界在背后推动，如同在幕后用绳子操控着我们。

佛陀在到达大悟的境界时，只悟到了自我的能力。接着立即意识到，这不应是自己独享的能力，必须要回报社会。听从梵天的劝说到世间弘法的说法，是戏剧化了的表现形式。从文学角度讲，没有情节的故事是枯燥的。所以借用了叙事的文学体裁。

人类必须要走进社会发挥作用。如果佛陀最初的正觉是智，第二个正觉一定是悲。是悲心在起作用。开始是智，其后是悲。智是父亲，悲是母亲。悲心的升起让佛教具有了形态。我们还应在智、悲的前面各加一个“大”字，即大悲、大智。没有大智大悲，佛教就无法发挥真正的作用。

原始佛教、巴利佛教，只关注佛陀理性的一面。虽说巴利语系佛教也意识到了梵天劝说佛陀的意义却没有加以足够的注意。所以，原始佛教在悲、同情、社会性等方面没有什么发展。事实上，巴利语系佛教的僧人对情感是有一定认识的。虽然认识的不充分，心中却有着真实的感受。

成佛不是一生就能成就的

佛陀一生中，准确地说是成道后的四十九年间四处弘法。弘法四方的根本目的不是为了传播佛陀本人的思想，而是为了普度众生。从佛陀涅槃图中可以看到，佛陀在娑罗树下入寂，身边聚集了各种动物、天人和其他各类的有情，他们表现出了极度的悲痛。这是一幅将佛陀涅槃高度精神化了的作品。佛陀示寂时，正在云游说法途中，身边只有弟子阿难一人。因此，赶来集结的人也不会太多，除阿难外可能再有两三名弟子，最多再加上附近寺院里的僧人们。

回顾佛陀在世的历史就会知道，他的一生是为众生奉献的一生。不仅为社会贡献了智慧，还奉献出了慈悲。佛陀自己没有直接这样说，但佛陀生涯的事迹足以证明这一点。值得注意的是，佛陀向我们开示了四谛、十二因缘，佛陀的一生就是慈悲的体现。这是划分原始佛教和后世佛教的分界线。后世佛教现在称为“大乘佛教”，原始佛教是现在的“小乘佛教”。名称不同但本质一样。佛教这条大河的支流有宽有窄，但流动的水是相同的。无论大乘佛教还是小乘佛教，都是一个源头，只是各自的发展过程不同。佛教的这种差异，正是佛教的生命力所在。我们要充分注意佛教的发展过程和佛教体验对象的变化。原始佛教即小乘佛教的修行目标是罗汉，后世发展起来的大乘佛教的修行目标是菩萨。

罗汉，是原始佛教的理想形象，随着佛教发展，渐次产生出菩萨这一理想形象。在这里先解释一下罗汉和菩萨。原始佛教，即巴利语系佛教中虽然有“罗汉”这个词，但“菩萨”一词难觅其踪。

原始佛教中，菩萨是在《佛本生故事》里出现的。佛本生故事是佛教的常用语，意为“本来所生的故事”。说到佛，一定要澄清一个概念，成佛不是一生就能成就的。需要很长时间和大量的修行做基础，要经过一代、两代，甚至三代不间断地精进修行，方可迎来成佛之日。一生的短暂时间，根本无法做到。

佛陀同样经历了众多的生死轮回和太多的艰难苦行。期间，或转世成人或转世为动物，尝尽艰辛才得以圆满成就。《佛本生故事》记录了佛陀的前世或前若干世所发生的故事。根据流传下来的资料，佛陀经历了几百次的生死轮回，期间曾转世为鹅、鹿，甚至做过国王。佛陀在多次的转世中积累了无量的善根功德，修得了六度（六种善事）后在印度转世。长期积攒的无量功德，让佛陀终得大悟。三世因果的说法，便出自这里。

佛教认为，能够投胎人世，不是一辈子可以修成的。需要通过几世的转世和修行，才能修成今世的人身。可以说，本生故事的含义就是将当代的优生学宗教化。它告诉我们，任何人都不会无缘无故地贸然出生，或在某一生中成就大业，而是几代的转世和修行才修成今世的人身。不仅宗教领域，其他领域也如此。从社会角度看，面对自己时不能只想着过好今天，面对社会时不能满足于现状。不考虑子孙后代是万万不行的。每一个人，不只活在今世，子孙们会代表我们继续活下去。子孙后代不仅是肉体上，更是精神上的延续。精神的传承，不是我们的精神再一次出现在后世，而是在不断得到强大、清净和升华。今天的努力，不单是为我们自己，也是为后世子孙奋斗。传承至今的文明、文化不能断送在我们手中，更不能单纯地维持现状，要将其发展、提高后传授给下一代。如同一位富翁有百万家产时，一定要增加至一百五十万后再传给后人。今天的世界文明、文化都不是一朝一夕形成的。文明被毁坏，就太遗憾了。如果说古代的战争是让文化退步，那么今天的战争就是让人类灭亡。科学的快速进步，尤其是杀人武器制造技术的飞速发展，让过去的弓箭战争变成了可以一次杀死数千人，甚至烧毁一个城市的战争。比起用弓箭作武器的小规模战争，今天的战争一旦发生，其威力会立即摧毁许多城市，夺去众多居民性命。这样的战争，一定会导致人类的灭亡。人类灭亡后的地球也许会变为昆虫的世界吧！传承至今的文明、文化，是先祖们苦心经营的结果，绝不能因当代战争而毁于一旦，否则就太可惜了。

以上是本生故事的解释。言归正传，任何一个事物、一个国家、一个世界的文化以及个性的形成，绝不是靠个人力量就可以实现的。我们的遗传基因也是这样。

◇◇◇◇◇◇◇◇◇◇◇

菩萨与罗汉

本生故事中出现了“菩萨”一词，这个菩萨不是指佛。

菩萨的意思是：虽未成佛，但拥有可以成佛资质的人物。

罗汉的意思是：已修成佛陀的正觉，拥有着完美的人格，是佛的同时也是罗汉。罗汉是佛的别称。与如来、人天之师意思相同。

菩萨不是佛。最初的佛教徒普遍认为，菩萨是到达成佛境界过程中的一种人格。菩萨是未来的佛，正处于努力修行的过程中。至此，我们大致可以理解从原始佛教发展到出现大乘佛教菩萨的过程了。

罗汉作为小乘佛教的理想，修行上只针对个人，对他人没有影响。没有影响他人能力的佛教，只会独来独往、自命不凡，无法形成真正完善的人格。人的形成是源自与他人的关系，一个人的正觉是不成立的。将自己修行的成果传达给他人并引导他人修行才能成立。我们会发现“罗汉”这一理想是不圆满的，从而希望将菩萨作为修行目的。菩萨毫不利己，并为帮助他人勇于牺牲自己。这是菩萨与罗汉的根本不同。佛教为了生存发展，一定要用菩萨的理想取代罗汉。佛陀的前生是菩萨，为了转世成佛而修行。菩萨修行不为利己，是为向众生弘法。菩萨因此修成正果。从此可以清楚地得知，菩萨修行是为利他。

罗汉注重独自修行。坐禅，则隐于深山老林专心坐禅。菩萨则相反，一定要走进社会去发挥作用、去利他、去度化众生。菩萨的思想和理想就是在这一过程中逐渐得到发展和完善。结果导致佛教不再是出世的了。同时，菩萨的思想如同一张铺开的大包袱皮，可以将世间万物都包入其中。

罗汉的理想生活是比丘。比丘有乞丐之意。比丘一面乞讨，一面云游四方。还有比丘尼，就是女性乞丐。用今天的经济观点来看，乞讨是很卑贱的。但在佛陀时代，哲学家和宗教家都以乞讨为生云游四方。僧人托钵也是那时传下来的。比丘们全身心地投入到修行中，根本无暇顾及经济生活。他们任由别人施舍，只吃乞来的食物。

他们过着乞讨的生活，不在肉体和生活上分心。通过乞讨，消除自己肉体和生活上的烦恼，专心精神层面的修行。通过实践禁欲主义的生活方式来保持内心的清净。

比丘、僧、僧侣是有区别的，僧伽制度是佛教的特殊制度。比丘不单是指佛教徒，古代印度的修行人都以乞讨为生，比丘是他们的总称。僧侣，只限于佛教。僧，是梵文“samgha（僧伽）”的简称。僧侣是中文和梵文的合成词，侣，有同行、同志、同伴之意。从侣的含义可知，僧侣是指三位僧人为一个僧团共同生活的人。取三人以上结伴生活的含义，将中文的“侣”和梵文僧伽的“僧”字合在一起，组成了“僧侣”这一常用词。

◇◇◇◇◇◇◇◇◇◇◇

佛教终归要回归到家宗

这里还需要提到出家。出家是指舍弃俗世生活而出家。出家人是指从世间苦恼中解脱，过着特殊生活的人。有人认为出家有利于更好地修行。宗教如果仅仅是为了度化过着特殊生活的人群，则另当别论。但当今的宗教需要救度世间一切众生，否则就不是宗教。不去度化众生，人心也无法安宁。如果不满足于自我解脱，出家、乞食的僧侣生活方式，就要转变为在家的生活方式。佛教也要从出家生活的宗教，转变为在家的宗教。

罗汉出家成为僧侣，开始特殊的修行生活，最终获得佛果，得到自我解脱。这样的修行生活，对特殊阶层的人来说是求之不得的。但没有如此优越条件的人应当怎么办呢？在这里，人人都会感受到佛教发展的内在转机。佛陀开悟后意识到，仅仅使自己修成正果还不够，一定要到世间去弘法。去世间意味着无法完全再过出家的日子，必须要转为在家。如果只是出家，佛教会走向衰退。佛教终归要回归到在家宗。

回归的主要表现是：（一）罗汉到菩萨的思想转变。（二）出家到在家的形式变化。展现变化的代表性经典是《维摩经》。《维摩经》中的主人公是在家人。传统经典中的主人公要么是佛陀，要么是罗汉。这部经的主人公却是在家的社会人，过着凡间生活的普通人。主人公不仅说法，而且辩才绝对无碍。舍利弗、目连这些罗汉中的卓越人物，对维摩也像孩子对待大人一样去尊重。其中也包括文殊菩萨。

文殊菩萨在早期佛教中并不存在，是后来在后世逐渐形成的代表性人物。文殊菩萨与普贤菩萨在菩萨界同居高位。维摩在如此高位的大菩萨面前仍然坚持己见。从《维摩经》时代开始，佛教不再是出家的，明确地回归了在家。类似的例子还有《华严经》中的善财童子。这里的童子不是指孩童，可以理解为年轻人。童子在修行过程中参见了五十三位善知识，受到了很多启发。日本的“东海道五十三次”也是源于《华严经》善财童子“五十三参”的典故。今天，佛教已不知不觉地融入到了日常生活中。偶遇的五十三位善知识，有比丘，也有在家人，甚至有很多女哲学家和女性信徒。这一点应引起我们的注意。在佛教里，女众的地位低于男众。尤其在亚洲，女性是不受尊重的。古代曾有女人统治男人的时期，后来因为战争的出现，肉体的力量成为决定因素后，男人逐渐占了上风。众所周知，人类最早是母系社会，以女性为尊。我认为，其实现在也应如此。可惜直至今天，多数亚洲人依旧保持着男尊女卑的观念。在佛教的《华严经》时代，出现了女性的大人物。在日本的白拍子[①]中，也诞生过女性的尊者。这些女性，从哲学和宗教的角度启发了善财童子。佛陀曾开示说：如果女性进入僧团，可以持续千年的僧团将会在五百年内衰亡。如果佛教真要衰亡，五百年也好，三百年也罢，就让它消亡吧！因为消亡的原因与女性的加入不会有丝毫关系。正法会持续五百年，之后的五百年佛教会进入与正法相似的像法时代。这是佛的开示，不容置疑。正法是指处于特殊阶层的罗汉们聚集的时代。出家后过着特殊生活，受到特别关照的罗汉们的修行便是正法。这样的正法时代，消亡反而是好事。正法的灭亡，从某种意义上讲会促进佛教更广泛地传播。可以说，进入像法时代后佛法的传播就更为广泛了。这时的佛教不再是特殊阶层独享，而进入了普通人的生活。这何尝不是一件好事。如果因女性加入致使僧团人心涣散，就更有意义。从出家佛教发展到在家佛教，从罗汉佛教发展为菩萨佛教，从男性佛教扩展到男女二众的佛教，这一系列变化在佛教的发展历程中是十分值得研究的。有些人经常说，进入了末法时代的佛教渐渐走向了衰败。换个角度看，这未尝不是佛教的一种发展。

禁欲主义在方式上是好的，是修行者必备的心境。禁欲主义和

---

① 译者注：日本一种带有祭祀性质的传统舞蹈。

持戒不是佛教的目的。禁欲可以作为发展教法的手段，但绝不能成为修行的终极目标。这样去考量佛教的发展，一直停留在大智境界的我们会认识到大悲与大智并驾齐驱的重要。

◇◇◇◇◇◇◇◇◇◇◇

大智大悲是佛教的真正目的

下面从教理发展的角度来看慈悲。慈悲是好的，但有目的的慈悲是绝不可行的。要在慈悲前各加个大字，即大慈大悲。这里的悲不能有任何目的性。不以功德为目的，没有目的性的慈悲，才可称为大悲。这样的大悲从何而来呢？从大智中来。

《楞伽经》云："悲自智出，智，乃无分别之智。"这里的智，不带有关系性，没有善恶和彼此关系，是没有限定的智。这样的智中自然会产生悲，这样的慈悲一定会发挥作用，否则就不是真正的慈悲。这样的慈悲才是大智大悲。大智大悲是佛教的真正目的和大乘佛教的理想。

大乘佛教的理想，不是佛陀所言，也不见经典。但佛陀正是用他的一生实现了大乘佛教的理想。这样一解释，就可以将前面所讲的与下面的内容自然地联系在一起。佛教不仅是佛陀的语言和智慧，还包含着佛陀的修行和切身体验。在思考"如何认识和理解佛陀的修行体验"的过程中，佛教得到了发展。我坚信，具有佛教知识和理念的人比我更能深刻理解大乘佛教的理想。但是，现实中不能要求每个人都十分了解佛教。下面主要针对没有基础的人们谈谈佛教。

◇没有基础的人们应如何看待佛教

如何看待佛陀的一生，是构成大乘佛教的根本基础。这样认识佛教，大悲自然会鲜明地浮现出来。长期隐藏的事物渐渐地显现出来说明对该事物的意识愈发地强烈和鲜明了。一步步意识到以前没有意识到的问题，清晰地自觉到它的存在，让它帮助我们成长。这是人类的特征，也是智慧的能力。智慧让我们逐渐认识到原本不知道的事物。动物是在不知情的情况下盲目去做，人类则是先学习后去做，这是文明的进步。

从宗教的角度看，这还不够，还需要再进一步，重新返回“不知而为”的原点。就像学游泳和书法，首先学习如何用手、如何用脚、如何掌控身体姿势，充分注意每一个动作。但只注意每一个动作，反而会被淹死。事实上，在初学游泳时，不重视每一个动作是游不起来的。熟练后，自然会忘记身体的动作，最终达到“鞍上无人鞍下无马”的大师境界。开始时，对不知、不会的事物，逐渐地去认识了解。当精通、熟练后，还要再去忘记。这是宗教的真正作用。无论哪个宗教，最高境界都是如此。

13 世纪著名的爱克哈特，虽不算基督教的正统派，但他的看法与佛教非常相似。我经常引用他的观点。他曾说：“基督教尊崇上帝，要随上帝心愿、遵从上帝旨意、不可随心所欲。基督教徒最高的境界是‘一切遵从上帝的旨意’。要做到这些，确实很不容易。但需再进一步，达到‘不知是在遵从上帝旨意，还是在随自心而动’的境界。只有达到自觉遵从神旨的境地，才是真正的基督徒。”

无论是神还是佛，在他看来，仅仅意识到了神、佛的存在还不够，还不能称为真正意义上的基督徒，还需要彻底放下自己是教徒的意识。当然，人类首先要有这样的意识，但决不能仅仅停留在意识的境界。要在此基础上再进一步，忘掉你曾有过的意识。我相信，爱克哈特达到的境界同样是佛教的境界。

◇产生悲的原理

当无意识的智发挥作用后，悲的功能也一定会出现。下面有必要再次明确什么是悲。如前所述：我存在是因为他存在，有他才有我。孔子说："欲达己，先达人。"禅宗中常说的四弘誓愿，第一条就是"众生无边誓愿度"，然后是"烦恼无尽誓愿断"。众生是指社会或这个世界。首先要拯救世界，所以拯救世界是第一目标。烦恼在自己心中，不断烦恼就无法完成第一目标。所以，断烦恼就提上了日程。只有先断内心烦恼才能达到救人的目的。要以他人为先，然后考虑自己。要为实现最初的目标不惜牺牲自己。如果佛教的修行就是为了利他而让自己受苦，这样的修行是不是太傻了？

当你意识到自己时，意识的根本之处会有什么呢？有众生、有他人、有社会、有世界、有天地的存在。自我是在事物的表面起作用的，所以格外醒目。让自己发挥作用的真正原因，是隐藏在自己背后的。不将原因放到自己面前，自己的作用是不真实的。要关注让自身存在的根本原因，搞清它究竟是什么。我认为，这是产生悲的原理。

有人认为，人类会永远将自我放在第一位。为他人做好事，最终目的也是为自己。我认为不完全正确。帮助别人难道真的就是为了一己私利？我的认识起初也很模糊。后来，自己看了很多书，对这个问题进行了认真的学习和思考。最终的结论是：并非完全出于私利。

人类天生就有一颗助人之心。有私心的同时，也有愿意帮助他人的心。因为有了“为他人”的前提，“为自己”的说法才能成立。佛教说的自利、利他，是两者同时存在时方能成立。下面的例子说明：利他是人的本能，这一观点也是佛教徒和学者们认同的。

看到有人落水，便奋不顾身地跳下去救人。这时的救人者不可能有其他目的和一己私利，只会单纯地出于悲心。在今天，救了人会得到表彰，表彰时也会出现问题。救人虽是好事，但救人的如果是臭名远扬，经常酗酒、闹事、给周围带来很多麻烦的人，在危急时刻，他又不顾自身性命跳水救人，这样的人，一旦要对他进行表彰，大家就会争执不休。实际上，救人时并没有时间去想到表彰或平时经常被批评，所以要救人完全是出于本能的反应。看到军人因为英勇作战荣获勋章时，我们可能会想：“普通人也能在枪林弹雨中勇往直前啊！”其实，如果是为了获得勋章，你未必能做到勇往直前；得了勋章的人，平时未必就那么勇敢。这样的例子数不胜数。有些荣誉，往往是凭借一时冲动得到的。

听到有人这样评论《忠臣藏》：“还是自杀了好，虽然可惜。如果活下来反而玷污了一世英名，那就太可惜了。他们集体自杀是明智的。”人不是总想坏事，也会想好事。凡夫俗子也有好的想法，这是悲心的作用。凡人的好想法，是在瞬间的本能反应中产生的，是突发的。贤达的悲心可以随时、自然地产生。要达到这一境界，需要宗教方面的训练。

悲在本能地怜悯他人的过程中产生。其哲学依据是："自"是因为有"他"的存在才能成立。从悲的角度看，罗汉的修行只为利己。完成了修行后，就可以去地狱。如果有极乐世界，也可以去极乐世界。因为断绝了尘欲烦恼。

◇悲可以起什么作用?

从悲的角度看，会发现尘世中有人比自己的境遇更恶劣、更可怜。他们怎么才能得到解脱呢？当你独善其身、脱离苦海时，太多的人仍在苦海中挣扎。佛教是为众生拔除苦痛的，所以看到有人受苦，绝不能置之不理，一定要出手相救。这就是产生"菩萨"这一理想人物的因。菩萨修成正觉后，可以马上涅槃。她没有选择独自去极乐世界，当看到世间很多众生在黑暗中痛苦挣扎、需要救度时，便发了大愿："不能自己去极乐世界，要留在尘世救度众生。"救度痛苦中的一切有情，就是菩萨的本愿。

什么是悲呢？就像佛本生故事记载的：前世积累了功德，今生有大福报。身体健康，意志坚定，具足智慧。以修行功德修成罗汉。那些尚未修成罗汉的人怎么办呢？人不满足于自己修成罗汉。为弥补这一不满，于是从智、悲中生出了方便。

日本有句俗话"撒谎也是方便"。这纯粹是滥用，与佛教所说的"方便”有着天壤之别。方便与智、悲相同是佛教的基本概念，意义十分重要。方便十分必要。用冷眼去看受苦的人，会认为“恶有恶报，活该受苦。没必要救他。就算救了，他还会继续干坏事。”如果有悲心，就不会如此冷酷。会认为虽然恶有恶报，但总有办法救他们，就算不能彻底挽救，总可以给些帮助。这种悲的力量，很快就会变成誓愿或成为本愿。

变成愿后，悲可以起什么作用呢？假设我们发了一个善愿，并将善愿传递到对方心中。愿力就能够在对方充满罪恶的心中产生出一丝的善。祈愿本身可能没有任何作用。正如和歌所说：“不用祈祷，神也护佑”。虽说祈愿没有实际作用，但人们还是要去祈祷，否则内心就会不安。人的心中有一种情感，看到别人可怜，就会于心不忍，想方设法去帮助他。否则，就心中不安。方便就是在这时出现的。方便的意义何在呢？假如某人一直做善事，积累了一百份善根功德。他一定会将其中的四十、五十，少则三十份，分给他人。有人认为这种行为毫无意义。的确，从科学角度看这是不可能的，但宗教则认为可能。科学中一加一等于二，在宗教中却必须等于三，因为宗教有其独特的功能。真宗等宗派所说的弥陀本愿，同样出自这一功能。法，不能止于自己，要传递到他人的身心。这一愿望成为本愿后，形成了阿弥陀佛的四十八愿。

不仅是阿弥陀佛，众生都有本愿，同时也都有方便。自然现象统治的世界（社会）是我们的力量所不及的。无论你有多强的主观意识或意志力，无论心中有多么强烈的激情，客观世界绝不会因此有一丝变化。宗教是超越情感的，具有让他人在心中感受和升起同样愿心的能量。我相信宗教的力量。当我们祈愿“一定要好起来”时，心中便会产生方便，方便会将我们的祈愿传递到他人心中。这在宗教上是成立的。回向的意思是，将自己的东西转送给他人。修行不是为自己积功德，是要自己积累功德供养他人。从某种意义上讲，宗教就是让自己始终去做奉献。在俗世里我们只知道拼命获取，宗教却一味地让我们奉献。其结果是自己始终奉献，他人却一直获得。

有人会质疑：如果大家都奉献，谁会受益呢？都为他人着想，又能怎么样呢？这只是一个假设，我们无法对假设进行探讨。如果大家都甘愿奉献，就没人获利，真正的理想社会就会实现，佛教也会消失。菩萨几度生死轮回到世间，是因为有未完成的佛教使命。如果人人都能甘愿奉献，就都是菩萨了。这样，菩萨的理想也会得以实现，佛教就没必要继续存在。佛教的理想也将随之圆满成就，这是佛教的“自利利他，觉行穷满”。

智、悲、方便、本愿、回向，都是佛教的基本概念。佛教还有很多的概念，如无我、无人等。从般若层面讲，无我、无他即空、空三昧。空是哲学思维层面上的讨论。宗教层面上将智、悲、方便、本愿、回向这些积极的思维作为宗教基础比较适合。宗教和佛教都要建立在积极的基础上，尤其是要以悲为根本。佛教研究迄今都偏“智”，悲的概念出现后，悲与智相辅相成。这样才可以展现出佛教大智大悲的真实面貌。

上述概念如不详细解说，大家恐怕难以充分理解。今天只是一个开头。如果大家能够了解佛教中大致有上述一些概念，这些概念与禅的本质是什么关系就可以了。

第四讲

证三菩提的禅

何谓“三菩提”

有人认为，证三菩提由“证三”和“菩提”两部分组成，这显然是错误的。证三菩提由“证”和“三菩提”组成，意为证得三菩提。“三菩提”中的“三”，不是数字，是梵文的音译。梵文的三菩提是“sambodhi”，翻译时用中文的三来代替。“三”的意思是正，“菩提”是“觉”。三菩提，意为正觉。

“菩提”和佛教的“佛”，都是梵文“Bodhi”的音译。看似毫无关系，词源竟然相同。“佛”有“觉者”之意，一般指人类。“菩提”代表“觉”，意为觉者的经验。两个词分别代表“觉悟的人”和“觉悟者的思想状态”。

中国人在翻译梵语经典时，大都意译成汉语。当然，也有按照原文音译的。今天翻译西方著作时，也有无法翻译的词句，若无合适词汇，也会直接音译。历史上在翻译经典时，想必也有不少无法准确意译的情形。历史上翻译经典时遇到的艰难，是今人无法想象的。如今，我们心安理得地享用着先人用心血译出的经典，却浑然不知为翻译好这些经典，先达们耗尽了多少心血。这是在告诫我们：要牢记先达的恩泽，在享用先人的心血结晶时，要心生感恩。总之，三菩提简称为菩提。因无法意译，就直接音译了。

音译的良苦用心，给我们预留了批判的空间。从古人的心血结晶中学到很多的同时，我们也有了超越古人的机会。这并不意味着可以忘掉或不尊重先人的劳动成果，而是在先人成果的基础上，要有新的开拓和进取。这样才不辜负先达们的一片苦心，社会才能不断进步。

“三菩提”之所以直译，是因为语言无法准确表达，道理无法正确表述。阿耨多罗三藐三菩提无法汉译，所以采用了音译并使用至今。近来，西方的思想大量引进日本。不作学问的人总是抱怨说：“书里那么多的洋词汇，根本读不懂。”洋词汇带来阅读困难的现象确实存在。但是，如果理解了一个外来词汇的原意，就会认为翻译的总是不到位、不全面。这既不是炫耀自己有学问，更不是骄傲自满。和原词接触多了，自然会有亲密感，不自觉地就脱口而出。可能“三菩提”“菩提”音译的原因也缘于这点吧。

知的三菩提

“知性佛教”中的“知”是指文字。同样，文字也是指“知”。文字还等同语言，所以文字和语言都是知性的。“知”无法用语言表达清楚。“言语道断”意为“无法理性地表达和判断”。

想知道什么是“无法用智慧理解”，就要搞清楚智慧的性质。什么是智慧？智慧就是判断。判断是对甲、乙两个事物对比后，二选其一做出判断。判断的前提是有两个事物。这里的两个，并非数量的二，可以是三个、四个，总之要有两个以上。我们生存的世界有着众多的事物，多得没有穷尽。因此，知也是连续不断、无穷无尽的。但人类的知是有止境的，总要在某个时空点做一了结。了结之后，又必须考虑以后的去向。这时，还是要重归原点，以此形成循环。人类的智慧并非无止境地前进，到达某点后一定重归原点，形成循环。我总是将这种循环与佛陀在菩提树下的开悟联系在一起。

诵读经典就会发现，经典的内容丰富多彩，但内容也有相互矛盾的地方。每个宗教中都有奇迹，佛经中也随处可见。甚至还有很多令人难以置信的内容。不信佛的人会认为：这些现象不是事实，难以置信。而信徒们却毫不怀疑内容的真实性。无论这些内容是科学的还是非科学的，在信徒眼中，都是毋庸置疑的事实。经典的内容有很多，如果站在经典之外的角度观察，就会发现经典之间也存在着很多矛盾。以释迦牟尼修成菩提为例：佛陀通过反复地顺、逆内观四谛、十二因缘，终于在第七天的拂晓看到启明星后大彻大悟。佛教学者普遍认为：佛陀开示的原始佛教，即小乘佛教是指四谛（苦、集、灭、道）和十二因缘（无明、行、识、名色、六处、触、受、爱、取、有、生、老死）。

生命始于无明，经过生、老、病、死后结束。这一过程分为十二个次第，无明是开端，死是终点。最初是始于无明，我们诞生于无明，有生就有死。生与死之间有着众多的阶段。十二因缘是连接这些阶段的链条。佛陀从顺、逆两个方向对这个链条进行了内观。无明之后是行，行即作用。行中生识，依此顺序追寻下去就有了出生、疾病和死亡。依此顺序去内观世相，就是顺观。

从相反的方向逆观就会发现，佛教讲因缘，因为有了这个，所以才会有那个。没有这个，也就不会有那个。甲得出乙，乙得出丙，是顺向。逆向，则是丙的产生是源自乙，乙的出现是源自甲。这是因果的法理。通过顺、逆双向内观十二因缘和看到拂晓的启明星后，佛陀大彻大悟了。“顺、逆内观十二因缘”和“看到启明星后开悟”两者之间有什么关系呢？这是值得认真思考的问题。人们一般认为佛陀观十二因缘后开悟。但顺、逆观和开悟间的关系却不十分清楚。

禅僧常说“拈花微笑”。从学术角度看，这一典故的真实性尚待考证。但释迦牟尼修成三菩提确是事实，这在佛陀的一生中具有划时代的意义。悉达多从此成了佛。所以，“开悟”是确有其事的。那么，十二因缘和开悟又有着怎样的关系呢？释迦牟尼用六年时间，从顺、逆两个角度进行了内观十二因缘的修行，最后下定决心不开悟绝不起身。佛陀的决心起了关键作用。这个决心与十二因缘有着一定的关系，这一点一定要特别注意。四谛、十二因缘中的数字并不重要，关键是其中存在着因果的链条，链条将每一个环节连接，虽然有去有回，却不会从链条中脱出。如同一脚踏入泥潭后无法拔出，这就是我们与生俱来的“知”的本性。我们向上抛石头，石头会因为地球引力而掉落地面，这是定律。“知”也是如此。当某一事物出现后，一步一步遵循着因果的关系发展时，就不由自主地会被一种力量牵引着前行，根本没有其他的路。我认为：佛陀在第七天成道的真实性也无从考证。也许第七天是因缘俱足的日子，或是有其心理学或史学方面的理由。从逆、顺两个方向内观了十二因缘的佛陀依旧没有结论、无法跳出圈外，无论如何都悟不透其中奥妙。停顿在无明状态，不知道下一步是什么；停滞在死亡状态，不知死后会怎么样。如果知道无明来自何处，就会知道死后去向哪里。不知何为生，焉知何为死。不知生便不知死。要想搞清楚无明为什么会出现、出自哪里，就必须要跳出十二因缘的圈子去观察、去审视。一味地上下、正反地内观十二因缘，无法解决问题。如同行走东海道五十三次。从京都到东京，再从东京返回京都，无论往返多少次。五十三次就是五十三次，根本不会清楚其中包含的宏观层面的地理关系。在今天，如果不是乘坐飞机超然地脱离那个圈子，就不会客观、全面地认识和看清这个圈子。只在某个区域内，就无法知道区域与整体的关系。但是，单纯的离开还不够，要在跳出去的同时还要钻进去。不跳出十二因缘外，就无法看清十二因缘的真正面貌。同样，不深入十二因缘，也无法理解十二因缘的奥义。三菩提更是如此。无论佛陀怎样从一到十二，上下、正反地去内观十二因缘，根本无法参透。通常，人们不会把十二因缘的逆顺内观和佛的成道体验紧密地联系在一起。所以无法真正理解成道的内涵，更不会理解十二因缘的意义。如果没有成道的体验，根本无从谈起。

看清了某一事物的本质，就说明你已超越了那个事物。遇到困难时，可以认清困难；遭遇严寒酷暑时，能够正确看待寒暑。这样的人一定是超越了困难和寒暑。动物做不到这一点，人却可以。这是人的妙趣，妙趣可以产生意识。动物没有自我批评的能力，人可以去照镜子并批评镜中的自己："真是一张糟糕的脸啊。"人类具有批评、思考自己的能力。这一能力在让人类成为万物灵长的同时也给人类带来了麻烦。人类具有内观因果、十二因缘和自我批评的能力。同时，也被此牢牢束缚，深陷其中，无法自拔。这是人类的弱点。

◇◇◇◇◇◇◇◇◇◇◇

为什么宗教离不开直觉？

以上是关于"知的三菩提"。这种三菩提达不到天人合一的境界，达不到天人合一，就不是真正的体验。没有直觉即个人的体验，宗教则不能成立。为什么宗教离不开直觉呢？假设有一支铅笔，我们为它取名叫铅笔，并在日常生活中使用。事实上，铅笔仅仅是为它起的名字，并不是铅笔本身。真正的铅笔是物质，不将铅笔这一实物摆在面前，我们无法知道什么是铅笔。生活中物品没有名称，每次谈及时都必须展示实物就太麻烦了。如果起个名字，如铅笔、枫叶等，就可省去展示实物的麻烦。这是名字的重要性。以金钱为例，金钱极大地方便了人们的生活，所以难能可贵。但金钱只是名称，真正的金钱是钱的实体本身。

传说有一种人，每天盯着自己攒下的钱币感到非常欢喜。俗话称他们为“守财奴”。我认为此时他们并没有将金币视为金钱，是一种脱离了金币概念的欣赏行为。是在注重审美、享受艺术。只有在使用时，金币才能体现出真正的价值、发挥出社会的作用。

拿破仑在远征俄国攻入莫斯科时，城市已烧成一片废墟，不见人影。士兵们认为：只要有钱就能买到想要的东西。于是，大肆掠夺城中的财物后撤军返回。这时天降大雪，钱财既不能充饥也无法御寒。此时的他们只有金钱却没有饭吃。金钱一文不值。返回的途中财宝越多，负担越重；肚子越饿，财宝越是负担。为了早日回到巴黎，只能抛弃财物，轻装上路。这个故事充分说明金钱不是万能的。

松树、梅树是人们赋予的名称，并非松树和梅树本身。梅、松的名称能够真正代表梅和松吗？说到梅就会联想到迎寒怒放，芬芳馥郁；初夏结果，味道极酸；用盐腌制，可以食用，还可用来治疗霍乱。心里会有一种理解的感觉。事实上，再多的感觉也无法代替真正的梅，充其量似是而非。无论具备多么齐全的条件也不是真正的梅。

日本的南派画家常说：画梅要画出梅的本质，不能被外形束缚，要表现出梅的精神。动笔时要让自己成为梅树。事实也是如此，梅的灵魂存在于肉眼看不到的地方，精神是画好梅花的首要条件。梅、松、竹都有着人类用直觉能够捕捉到的内涵。内涵不是道理，不是分别，不是概念，是直觉。当自己与某一事物完全融为一体时，才会真正认识到该事物的本来面目。人类能够做到这一点，是人类的卓越能力发挥了作用。卓越能力就是个人经验，或称为体验。如果这就是智慧，其来自他人和外界，直觉一旦离开了每个人的切身体验，就无法去认识和理解事物的本质和形成的理由。

我不知道世界创始距今，经过了几万年还是几亿年。除了我们居住的世界之外，是否还有其他人类居住的世界。总之，地球上生活着很多的人，如此多的人群中却没有完全相同的人。我们无法与佛陀相比，更没资格自称“天上天下唯我独尊”。但从某个角度讲，我们却可以大呼“唯我独尊”。在形容“自己”时，会尽可能详细地从物理学、生物学、解剖学的角度逐一进行检查，并列举出详细的检查项目。即使检查的结果与另外某个人完全相同，也绝对不是真正的我，仅仅是别人眼中相同的那个我。一个人，只要出生过一次，就不会再次重复。即使上一次的诞生距今有几万年甚至是几亿年，自己依旧无法再现。出生了的人，绝不会在过去、未来的世界中找到同样的自己。这就是“独尊”的原理所在。

“知识”是让别人理解自己所讲，让自己理解别人所说。这种知识层面的理解，不是真正的三菩提，也不是直觉。所以，必须要自己去体验，去搞清楚。从中发现自己是无法重复、古今唯一的个体存在。没有直觉就无法知道自己是什么。如果停留在理解别人的想法和让别人理解自己想法的知识层面，我们是不会真正地认识自己的。幸好有直觉和个人体验的存在，我们可以通过直觉和个人体验理解他人、梅、竹、天地、社会等所有的一切。知识无法令我们与他人、自然亲近。要想亲近自然和他人，就离不开直觉和个人体验。只有直觉和个人体验可以使自我成为中心。

这里所讲的“自我为中心”绝不是指世俗中带有我执、我慢的我。这个“我”和道德层面的我、宗教领域的我不同。虽然我字相同，因领域不同，意思也相差甚远。我强调的“菩提智”是需要去亲身体验和自觉的，是纯粹的知。希望大家能够理解。

◇◇◇◇◇◇◇◇◇◇

印度禅与中国禅的关系

下面换个话题，讲一下印度禅和中国禅的关系。中、日两国禅宗的禅和印度的禅定之间，有着很大的不同。印度的禅定只是指静心，并没有在知的层面展开，让人很难产生共鸣，更不包含体验。禅宗中的禅是强调通过禅定让内心有所收获。佛陀时期的印度，盛行哲学或宗教性的修行。佛陀曾向两位哲学家老师请教。可能这里的“两位”是个象征性的数字，实际上应该是很多人，但没有一位能够让佛陀满意。无论在“知”的范畴还是在禅定方面，佛陀认识到，必须在这两方面有所发展和突破。

以上是我对印度禅的思考。在中国，禅是在特殊形式下呈现的。今天，是依据公案参禅。在公案出现之前，中国禅宗的修行多是一问一答，即提出问题对此回答，或者是一棒一喝。总之在一问一答中禅宗得到了弘扬和发展。印度的禅则不同。那么，菩提的信息和内容是如何被写入经书的呢？你读一读经书就会发现，里面记述了很多传奇般的事迹。基督教的《圣经》中记载着基督在海面上行走，用一片面包让几百人吃饱等内容。佛教经典中也有不少奇迹。例如，一位比丘尼可以脚不着地在空中行走。这些都是非科学的离奇故事，三菩提的内涵由于无法用语言表达，无奈之下只好用传奇的方式来表现。或许这样做是为了表达出用语言难以说清楚的内容。

传说维摩住在一间狭小的方丈室。有一次佛陀派文殊菩萨率领众多僧人探望病中的维摩。文殊菩萨一行人数很多，居然全部进入了维摩四铺席半大的方丈室。印度人的想象力，真是让人望尘莫及啊！经书记载：天界中有个只靠香气生活的国度，名为香积国。香积国的众菩萨们探望维摩时同样全部进入了那间四铺席半的方丈室。维摩的方丈室面积却没有丝毫扩大。总之，超越常理且不可思议的现象，就这样奇迹般地发生了。

如果非要问其中道理，我的回答是：因为这是印度的禅。印度的禅，不像中国那样一棒一喝，而是基于印度现实，在远离现实的世界中展现。前面说过，印度民族的想象力极为丰富。在数字的表达方面，也是中国和日本无法比拟的。通常说明一个很大的数字时只能给对方一个模糊的概念，印度人却能生动、详细地说明这个数字如何大。印度人会这样问：几十亿里外有一个世界。在几十亿个这样大的世界所形成的世界尽头，还有一个世界。将那个世界粉碎成尘埃后，能不能一个一个地计算出尘埃的数量。面对这样的问题，我们肯定回答：不能。这时，印度人就会告诉我们：佛陀寿命的长度与无法计算的尘埃数量相等。在印度，再大的数字也不会无法计算，他们会举出例子，生动地说明数字大到什么程度。这是印度人独有的思维模式。拥有这样思维的印度人在讲述三菩提的特色时，采用了维摩的方丈室、月上女漫步天空等比喻。这类例子很多。《法华经》中记载：佛陀从眉间放射出白毫之光，照亮了东方数万亿国土。国土上的诸佛悉数显现，端坐在莲花之上。当描述语言难以表达的内容时，只有付诸想象力。也许，这就是印度人表现禅的思想的方式。

中国则与印度大相径庭。中国人注重实践。阅读老庄时你会发现，经常出现“天下、国家”一类的词语。老、庄这样的超脱之人也会谈论国家大事。中国人无法摆脱尘世的烦扰，这体现在中国人的理想中。中国人追求福、禄、寿。福，是长久的富贵；禄，是金钱；寿，指长寿。在中国，可以看到很多“寿”的装饰图案。此外，成仙也是中国人的理想。这里的成仙并不是指单纯地羽化成仙，目的是祈求返老还童。这与菩萨不救度完世间之人绝不涅槃的思想迥然不同。菩萨思想是印度传来的，是中国所没有的。与希求超越国家的印度人不同，中国人更现实。

◇◇◇◇◇◇◇◇◇◇

宗教一直引导人类开拓属于自己的世界

禅进入中国后是如何发展的呢？最早将禅带入中国的是达摩。达摩禅是印度禅，在传入中国二百五十余年后的六祖时代，中国形成了自己的禅。禅有具体性和创造性。禅不是概念性的、漠然的、抽象的，禅是具体的。禅宗十分注重功能，缘于功能不是道理、不是笼统的概念，而带有具体性的色彩。有了个人体验，必然会产生出具体性。虽然不能成为学问，但会产生带有具体性的功能。同时还会产生出创造性，创造出未曾有过的新事物。可谓“日日是新日，新日日日新”。真正悟透了个人体验内含的人，他的生活中没有模仿。天地之间每时每刻都在创新。每个人做的每件事都带有创造性。不要看到别人做了，自己也去模仿。对于每个人来说，创作是发自内心的。所以，无论是在孩子的教育上，还是宗教的传教上，都不能忽视创造性的存在。

科学给我们带来了很多好处，它方便了我们的生活，降低了生活成本。过去只有贵族和富人才能买得起的东西，今天任何人都可以平等地品尝或穿着在身。科学带来生活便利的同时，也让人类变成了木偶和机器，这是近代文明的弊病。当然，不能说人类使用了机器就一定会变成机器，但今天的人类在不知不觉中已经被机器所操控，这是不争的事实。在使用的同时也被使用，似乎成了人类社会的原则。人类学会了使用机械并满脸得意地使用的过程中，不知不觉地也变成了“机器”，丧失了原有的创造能力。这一现象在现代社会越来越严重，以致当代人已经越来越感到无法忍受。

宗教可以阻止人类陷入这一深渊。宗教一直在引导人们开拓自己的世界、创造属于自己的独特世界。我相信宗教可以带领我们逃离现代的工业文明。所以，我们要在当今的世界中弘扬宗教、弘扬禅。因为禅本身兼有具体性和创造性，可以全方位地说明世间万物的存在法则。

在印度的禅定之外，还应该大力提倡中国的动态禅、创造禅。

同时，要学会跳出事物本身去观察事物，要离开充斥着机器的世界，去看另一个世界。养成不被事物束缚的习惯。一定要跳出这个终日忙碌的机械化生活，站在圈外冷静、客观地审视这个世界。要为自己留出坐禅的时间。无论生活如何忙碌，也要尽可能地为自己做些什么。我相信还会有机会和大家探讨这个问题。

第五讲

从心理学角度看禅

从禅在中国的起源与发展来看禅

◇中国禅的确是由达摩传入的

禅的历史是个让人头疼的复杂问题。关于禅在中国的起源，专家、学者的研究结果与禅宗所宣扬的大相径庭。禅宗认为，梁武帝时菩提达摩来到中国即是中国禅宗的开端。在中国，达摩是始祖，即第一代祖师。从释迦牟尼算起是第二十八代。历史学家的研究表明，在达摩到来之前中国就已经有了禅。历史上是否真的有达摩这个人尚无定论。达摩和梁武帝相见的典故也非史实。就算达摩是真实存在的历史人物，相见一事也绝非史实。这些都是学界的说法。对于学禅、修禅或禅宗的师傅们来讲，知不知道这些禅宗的历史经纬并不重要。知道达摩是印度的第二十八代祖师，是中国的第一代祖师就可以了。

既然说到了达摩，在此顺便说一下我对“达摩是否存在”这一问题的看法。我认为，历史上确有达摩其人，是否见过梁武帝尚无定论。禅宗的僧人说见过，就权当见过吧。那么达摩来到中国前，禅是否已经存在？我不否认存在的可能性。我认为，禅的确是由达摩传入中国的。任何事物的形成，都不会是在某一天，而需要很长一段时间的酝酿发酵。当各种因缘具足时，事物就会显现出具体的形态，就像酒的发酵需要酝酿期一样。禅应该同样经历了这一酝酿期。如果一定要明确说出中国的禅始于哪一天？答案应该是，达摩第一次从印度来中国传法的那一天。

◇中国特色的“主知主义”

当时的中国，佛教盛行“主知主义”或者说“形式主义”。已经传入中国几百年的印度佛法中，最让中国人感兴趣、最能打动中国人心的是在佛法中发挥积极作用并富有极强逻辑性的“知”。这是中国人的弱项。中国是一个古国，是世界文化的中心，但逻辑推理却并不发达。与此相反，当时在希腊，亚里士多德已经完成了他的逻辑理论。在印度，当时因明学说已十分发达。因明，用当代的语言来讲就是逻辑哲学。当时，印度的因明和希腊的逻辑以及犹太的宗教被称为世界闻名的三大中心。三大中心中的希腊和印度，都是以逻辑哲学的方式存在并已十分发达。中国却没有，即便有也十分稚嫩。所以，印度的佛教进入中国后，中国人发现佛教竟然如此富有逻辑性，拥有相当完善的理论，这让他们大为震惊，内心也被佛教所吸引。有着丰富思想和想象力的印度佛教进入这个国度后，令这方面十分薄弱的中国人在对印度佛教的吸收和接受时显得有些匆忙和惊讶。中国人在用佛教审视自己不足的过程中，形成了中国特色的"主知主义"。中国佛教也自然地偏向了主知方向，这一特点是中国人对印度佛教的必然反应。当时，佛教呈现出的主知主义特质的表现形式，是《般若经》在中国的广泛传播和天台、唯实、华严等宗派的迅速弘扬。需要关注的是，当时形式主义在中国很盛行。形式佛教，又称表面主义或文字主义佛教，只关注事物的表面形式。古人云，"富可润屋，德能润身"。具有道德的内涵必然会放射出道德的光芒；具有人的精神内涵就会形成人的身体外形；具有猫狗的精神内涵就会形成猫狗的体态。外形与内心，只要恰到好处地达成一致，形式主义就可以成立。形式主义本身不是坏事，如果内涵是错的，只有漂亮的外形就会变为坏事。当时的佛教，就是太过于追求佛教的外在形式。

◇保守主义与进步主义

下面，我想谈谈保守主义和进步主义。保守主义近似于形式主义，而进步主义又倾向于精神主义和自由主义。佛教有大众部和上座部，二者均始于佛教初期。上座部即保守主义、形式主义，大众部则标榜进步主义和精神主义。无论在政治上还是在人类思想的范畴，这两者都是对立的。那么中国佛教的形式主义体现在哪些方面呢?

日本的律宗就是很好的例子。根据律宗戒律，僧人每天只用两餐或一餐。印度佛教僧侣的戒律是一日两餐。单从道理上讲，两餐也好三餐也罢，应当依照每个人的生活方式和体质决定。当然，这是我们在今天这个时代的想法。当时的印度僧侣，一日只用两餐，正餐仅午餐一顿。早上吃粥，晚上不食，中午要吃得很饱。如果晚上吃饭，则不能吃固体食物，只能选择流体食物。用晚餐称为“非时”。“时”是指白昼，意思是正好进食的时间。“非时”即指不适合进食的时间。晚餐称为“药石”，石有药的意思。所以用晚餐并不是在进食，是当做服药。白天过了十二点就不能吃饭了。即使仅仅过了三四分钟也不行。

再举一个古代中国佛教形式主义，或者说保守主义的例子。有一天梁武帝宴请僧侣。当时中国用太阳照射的影子来计算时间。有人说道：“已经过了十二点了。”僧侣们闻听后议论纷纷，不知是否应该用餐。有人说：“感觉的确是过了午时”。这时，天子开了口:“现在刚好十二点。”于是和尚们便附和道:“既然天子说了现在是十二点，那就不会有错，我们开始吃吧。”于是大家开始动手享用美餐。

严格的戒律是一把双刃剑。一方面，戒律让僧侣拘泥于形式。如果十二点过了一分钟，哪怕一秒钟也不能进食，这的确很麻烦。但另一方面，如果觉得过一分钟没什么的话，那么超过三分钟、五分钟、三十分钟、一个小时，甚至五个小时、十个小时是否也都可以认为是合理范围。因此，划定出一条严格的界限是十分必要的。如同法律的裁决，完全按照法律条款处理，会让人觉得过于冷酷，没有人情味。但是，既然制定了法律，就应该严格遵守。制定严格的规章制度并坚决执行会令人感到约束，但无规矩不成方圆。度的把握是很难的，如果度掌握好了，人心自会安定，社会必将和谐。

◇达摩所提倡的禅

与形式主义相对立的是达摩。达摩既不属于形式主义，也不是精神主义、主知主义。他在逻辑范畴之外，只有在人类现实生活的原理中才能找到。达摩所提倡的就是禅。达摩在高调提倡禅的同时却在嵩山少林寺内面壁了九年。九年期间，他始终用沉默弘扬禅法，他在压低声音轻声地向世间弘扬着禅。据说达摩当时遭到了形式主义、主知主义者的反对和打压。我认为这有可能，但“达摩被他们所毒杀”的说法委实不敢苟同。总之，达摩的确遭到了形式主义者们的反对。所有宗教都提倡消除自我，因为“我执”会带来很多的烦恼和麻烦。只有消除了“我执”，宗教的光辉才会真正照射出来。在这个世界上最具忍耐力的人就是佛教徒。佛教有很多宗派，宗派之间观点不同，难免相互非议。

佛教教导人们要诸恶莫做、众善奉行。人无论在什么情况下都不能做坏事，要多做善事。但人却很难做到这一点，从而产生了很多争论。对于做善事的必要性，各宗派的看法都是一致的。但谈到做善事的理由，却各执己见并争论不休。导致各宗派在关键时刻无法协同一致。这是一个麻烦的宗教学问题。人心的作用，从根本上讲是存在两面性的，信仰也同样具有两面性。对立的两面并不是交替工作，而是同时发挥着作用。关于两面性的问题迄今没有定论，今天暂且不去谈它。所以，达摩遭到形式主义反对，恰恰说明达摩同样反对当时的形式主义和主知主义。禅宗倡导的“教外别传”“不立文字”，恰好表明禅与形式主义、主知主义的对立。

“教外别传”“不立文字”，用当代哲学家、教职人员的话说就是“神秘的体验”。“教外别传”，并不表示要传授佛法之外的什么教诲，而是指不拘泥于佛教的名相用另外的方式传授佛法精髓，这种方式就叫做神秘主义。禅宗称之为“教外别传”“不立文字”。这是达摩带入中国的。主知主义和逻辑主义都是宗教中不可或缺的组成部分，偏向任何一方都会带来弊害。只有二者相辅相成，方能具足宗教完整、和谐的形态。当主知主义盛行时，就不可避免地会偏重神秘主义的体验，就意味着要高调宣扬“教外别传”的思想。教外别传被格外重视时则必然要强调主知的思想。

纵观中国佛教历史，禅宗进入中国后逐渐盛行。禅宗主张“教外别传”，所以认为佛陀所说经文中的文字，大多是无用、无益的，是拘泥形式的。既然只是形式，所以有无两可，禅宗的文字只有公案。到了宋代，终于有人无法忍受禅宗所带来的弊病，站出来发声了：天台宗认为，佛经讲述了众多的真理，连一卷经书都没读过的人，没有资格被称为佛学大家。禅宗的人不能称之为佛教徒，禅宗不是佛教。面对天台宗的这种排斥，禅宗认为：整天读经有什么益处？宋代时，天台宗和禅宗就是这样无休止地争论。从宗教学角度看，这两者缺一不可，并一定要相辅相成，共同发展。但人做不到这一点，总是偏向其中一方。因此产生了达摩和天台宗。事实上，唯有神秘的体验方能为宗教的发展贡献力量。神秘的体验能够成为创造新事物的动机。宗教过于偏重主知主义就会有深陷某种形式中无法自拔的危险。这种危险发生时，就会引发新的反对禅宗和过分强调“神秘的体验”运动，提倡宗教不能陷入形式，避免僵化不变。新运动产生的源头一定是神秘的体验，不会是主知主义。所以，可以说禅宗有着旺盛的生命力。

◇◇◇◇◇◇◇◇◇◇◇

禅的极致一定在心理上

禅，就是神秘的体验。神秘的体验是指在人的内心活动中，有一种无法用语言和道理解释清楚的经验。没有亲身经历过这种体验，人无法拥有真正的生命，只会陷入人生的形式中。只要经历了这种体验，人生的形式就会变化，生命就会有意义。将毕生精力集中在这一体验修行上的正是禅宗。禅宗不依赖经书，提倡“教外别传”。所以有人说禅宗无视经文的存在。读一读《楞伽经》就会发现禅宗没有依止的经典。净土真宗尊崇《阿弥陀经》《无量寿经》，法华宗尊崇《法华经》，真言宗以《大日经》为依止的经典。每个宗派都有着各自依止的根本经典，禅宗则没有。有人认为禅宗依止《金刚经》，也有人认为禅宗最初所依止的是《楞伽经》。达摩为弟子慧可开示“什么是神秘的体验”时就拿出了《楞伽经》（当时《楞伽经》已传入中国）。达摩对慧可说：“此经开示了禅宗的重要思想。这部经典有四卷，你要依此经弘扬禅法。”所以说中国的禅宗是依照《楞伽经》开始弘扬的。弘扬的过程中禅宗的所依经典又演变成了《金刚经》。这是因为到了六祖慧能时期，《金刚经》被吸收进禅宗里。是禅宗主动地依止了《金刚经》，还是因为当时《金刚经》盛行被禅宗所利用？目前尚无定论。

禅宗采用《金刚经》是有理由的。《金刚经》浅显易懂，即使不太懂佛教的人也能读懂。用今天的话来说，这是一本大众化、普及本的经书。这样的经书自然容易弘扬和流通。《楞伽经》有四卷、十卷、七卷等译本，达摩传授的是四卷译本。这部经书的内容晦涩难懂，专业从事佛学研究的学者们也不容易读懂。禅宗如果依止这部经典，恐怕不会有今天的盛况。这部晦涩难懂的经书，有着难能可贵之处。《楞伽经》对宗教自身做了如下说明：宗教有宗通和说通。宗通，是指神秘的体验；说通，是指教理的阐述。同时指出：作为宗教，二者是缺一不可的。无论宗通方面有过多少神秘的体验，如果说通方面逻辑不通，就如同有眼无腿，看得到目标却无法前行。反之，有说通而无宗通，如有足无眼，连看也看不到。只有眼睛的宗通和腿的说通齐心协力时，佛教才会真正成立。所以，佛教的成立与否是与这二者紧密相关的。这样的解释，让人感到表达方式颇为现代化。简单地说就是：宗教中必须有宗通和说通，缺一不可。

在此，我再强调一遍，宗通是指宗教的神秘性，即主观性。说通则是客观性。宗教需要同时具备主客两性，否则就不是宗教。拥有客、主观的两种特性后，宗教才会具有完整的形态。

神秘的体验是主观性的，是自我本位的，是传达冷暖自知信息的根源。但单靠语言表达，很难断定自己的体验是否具有客观的准确性。例如甜和酸，都仅仅是自己的感受。从客观性角度看，这种感受是否具有普遍性、真实性、准确性就很难说了。根据自身的感受做出的判断，难免掺杂着一时的冲动和个人的价值观，不能说是完全正确的。即使是客观事实，如果仅是鹦鹉学舌般地去理解别人的所言是不行的，更何况在不了解别人内心的情况下，无论在文字和语言上沟通得多么顺畅无碍，如果没有亲身体验过，根本无法完全理解和认可。结论是，一方面需要有逻辑性的部分，另一方面主观上的神秘体验也必不可少，两者需齐头并进。这一点在现实中却很难做到，我们总会偏向某一方。结果，起点和终点往往都是我们自己。因为我们总是依照自身原有的性质倾向，即依据主观做出决定。因此，禅的极致一定是在心理上，即神秘的体验上。禅是什么呢？禅是不会依靠哲学来做判断的，它的根基是架构在心理学上的，禅的生命在于心理上的体验。这是禅的根本，这就是“教外别传”。禅是要回归自我的。所以，必须从心理学上去寻求禅的答案，这也是从心理学角度可以观察得到的禅。

禅以心理为基础，而非逻辑

◇禅立足于每一个人的信仰和体验之上

禅是非逻辑性的。这不是说禅无视逻辑，而是强调禅以心理为基础，而非逻辑。所以，禅不是哲学。如果是哲学，就会产生哲学性上特有的缺陷。哲学有优点，或者说哲学的杀手锏是敏锐的逻辑思维，但其中也隐藏着易被攻破的缺陷。哲学从产生至今，已出现过很多位大家，但也经历了学说的变化和理论的消亡。这一现象的确促使哲学家们的逻辑性思考变得逐渐深刻。让他们的思维愈发接近正确。但是，只要是以逻辑为基础，上述缺陷就会不断地产生。鉴于此，禅必须以心理的经验为基础。如果说禅的发展需要依凭某一事物，那么这个事物必须建立在心理上。建构在逻辑上的学说，一旦被其他学说否掉，这一学说则不再成立。禅宗如果是建立在哲学基础上，会与哲学同时产生、同时灭亡。反之，禅如果建构在心理上，是立足于每一个人的信仰和体验之上，其基础则是十分牢固的。所以，世上才会有很多种信仰和相信的解释。例如，既有"因为是别人这么说的，所以我相信"的相信；也有"因为伟人这样说了，虽然自己不懂，也要去相信"的信仰。

那么，信仰的本质到底是什么呢？相信他人话语时的相信，是在什么意义上的信呢？解开这一疑问需要从信的根本入手。一般来说，人们往往首先假设一个体验，并以此为依据。一旦确定了一个依据，信仰就会从中产生。比如说，别人说了一个他自己所亲身体验的事实，如果自己没有经历过就不知道他人所讲的是否真实。如果自己有过同样的经历，就会认可这个事实从而相信那个人。说到这里，相信大家都清楚了信仰中存在着错综复杂的心理活动。

◇佛教中的自力与他力

所谓“信”，就是问自己是否有过同样的心理体验。用这一体验替代禅的心理体验去解释禅，就会理解禅的含义。心理学的研究对象是意识，意识不仅存在于我们真实的经历中，还存在于真实的经历之外。也就是说，自我觉知的范围只是意识领域的一部分，意识同时也在自我觉知的范围以外发挥着作用。我们内心的能力范围不能等同于我们的可知范围，在我们不知道的地方，心同样在一直发挥着作用。这就是说，我们内心的作用范围已超越了自知，延伸到了未知的领域中。意识不仅存在我们所自知的领域，还存在于更广大的范围中。这是心理学的事实。举个例子，在校的学生们经常会遇到难解的数学题。左思右想也不知如何解开，无奈之下只得放弃，不再去想这道题了。但是，当第二天再次看这道题时竟然会解了。我们或许是在梦中解开的这道题。暂时不去想这道数学题，其实就是把这道题扔出自己的内心。第二天能够找到被扔到内心之外的数学题的答案，足以说明内心的作用在内心之外同样是存在的。

经常听到诗人或艺术家讲：“灵感从天而降”。当我们想写一篇文章时，提起笔来却不知从何写起。后来，灵感突然降临，思如泉涌，很快就写出了一篇不错的文章。这就是意识在我们没有注意的时候发挥了作用。宗教中也有“御笔先”（Ofudesaki）[①] 这种看似神秘的文章。其实不仅是大本教或者天理教，我们普通人也多多少少有着这种能力。这种能力会在没有自觉的情况下通过内心发挥作用。自己内心之外的东西，在自己的自觉之外仍在工作，并会在自己的内心中显现出来。通过催眠术，可能更容易理解这一现象。让某个人进入催眠状态并给予各种暗示。当他清醒后，会按照催眠时给予的暗示去做。因为被催眠者没有被暗示的记忆，自然不会认为自己的行为是被暗示的结果。这是心理学领域的事实。根据这一事实可以得知：我们的内心在自己有意识、有记忆的范畴外同样会发挥作用。如何从学术角度认识自我意识之外的作用，心理学界尚无定论，所以今天不做详细讨论，只是从宗教的角度谈一谈。佛教中有自力、他力，下面谈谈自力和他力的问题。

自力是自己去意识，自己去努力。他力是在自己的努力，即自力到达极限时发挥作用。所谓“穷极则通”：当有意识的努力达到尽头时，我们会有极限感，若能突破这一极限，就会百尺竿头更进一步，或者说柳暗花明又一村。此时，自己没有意识到的力量开始发挥作用。真宗将这一力量称为“他力”，禅宗称为“大死一番”。两者在心理学上同属心理性经验，在体验的真实角度上是相同的，两者的差异只是缘于知的立场不同。关于自力、他力的解释，真宗和禅宗有着巨大差异。但在心理学的研究上，我认为二者没有任何不同，均属于下意识的精神活动。

---

① 译者注：天理教的圣典之一。

◇当我们放弃自力时，就会得到“满目青山”的自在

心理学研究到达一定程度后，需要超越心理学自身进入其他领域，转入宗教或哲学范畴。当心理学的研究山穷水尽时，可以在宗教中柳暗花明。当我们在心理学方面深入到意识的最深奥、最底层时，最终的出路还是宗教的解释。当抵达最深奥、最底层无法突破时，很快就会放弃自力。在我们刚刚放弃了自力时，一片全新的天地自然地展现在我们面前。这片天地是否会成为我们的客观世界虽然不得而知，至少可以说是“绝对客观”吧。

在心理学和逻辑学中，客观与主观被看作对立的两个存在。如果将主观的根源追究到底，就会发现主观与客观是相同的。就像隧道的入口，看上去像是两个入口，我们从一方入口进入，一直向前走到尽头时，竟然会从另一个入口走出去。主观和客观也是这个道理。这样就会发现自我与天地是合一的。从心理学上看，这与禅宗中的“看破”是同一个意思。如果让学者们解释“看破”一词，会搞得既复杂又晦涩难懂。其实，“看破”就是穿过自己的内心，走向新的世界。这并非一定要用语言去说清楚的。禅宗认为：我们在如实地肯定客观世界后，就会得到“满目青山”的自在。

公案形成的最初目的是什么呢？是为了将正常发挥作用的意识放到日常意识下的生活中。就是让我们去舍弃自力。当然，这并非是说“自力”不好。在真宗看来，公案的形成并不是要动摇普通意识的作用。普通意识的作用是二元性的。意识的自觉分为“自觉意识”和“被自觉意识”，二者是对立关系。意识自觉和被自觉中发挥着

实际的作用。“自觉意识”和“被自觉意识”只有进入同一个世界时，神秘的体验才会产生。为了让二者同时进入一个世界，就要想办法让两个对立的个体合二为一。这就是公案。

最初在公案中没有逻辑的功能，所以仅有公案是不行的，还需要有纠正错误的先觉者，先觉者必须要发现公案中的错误。是否可以百分之百地信仰先觉者呢？信仰的对象就好像眼前的水杯，你对它的相信是建立在它真实存在的基础上的。虽说我们研究过公案，但自己毕竟没有达到那么高的境界。我们相信先觉者的什么呢？我认为，我们相信先觉者是建立在相信公案的基础上的。我们相信公案就是相信并认可看到的一切，即相信事实或公案成立的原理。从而将相信公案转化为信仰先觉者。可以说，我们在没有看过公案时就已经理解了公案。

一件事情在我们尚未经历时，有可能就已经完全理解了。这样的现象是真实存在的。所以，我们需要名师来评判自己的各种意见，需要一位先觉者为我们指出正确的方向。如果没有他的指引，我们会在途中迷失方向。我们总是依照自己的主观意愿做决定，所以先觉的名师必不可少。表面上看公案是依照逻辑形成的，但最终还是会得出心理范畴的结论，这样才会感到稳妥。若想用语言表达我们的心理活动和神秘体验，非公案莫属。公案并非产生于逻辑，而是产生于我们心理活动的体验。当我们摒弃意识上的所有现象，究其究竟时，心理活动的体验就会产生。我相信，禅不应将基础建立在理论上，而应让禅在心理领域不断发展、前行。

第二编

禅在佛教中的位置

第一讲

宗教经验的诸多要素

经验，是人类独有的特权

我们的生活，就是我们的经验。经验是动物所没有的、人类独享的特权。这是因为动物在生活中没有今天和明天的概念。几千年前的猴子和今天的猴子其实没有太大的变化。人类在某种意义上与猴子或狗一样存在着不变的部分，但因为人类有着不断变化的属性，所以人类有了经验，有了历史。动物的进化，从某一时期开始就停滞在了猴子是猴子、狗是狗的状态，从而定型为它们现在的样子。几万年后，它们或许会变成另外的样子。狗也许会变成另一种生物，不过我不认为狗会发生变化。今天的狗在其特性中，找不到几年后可能会发生变化的部分。所以，狗会一直保持它现在的样子吧，其他动物也应该是如此。人类可能会发生变化，也可能不会。至少，人类拥有发展变化的特性。一千年、两千年的时间，与五十年、六十年相比的确很漫长。与一万年相比，却仅仅是十分之一，与十万年相比，仅是百分之一。这样一看，一两千年的时间又很短。由于比较对象的不同，时间长短的判断也会不同。因为短暂，三千年前的人与今天相比可以说有了改变，也可以说没有多大变化。从某种意义上说，人类确实发生了变化。几万年后，人类的身体无论是否变化，社会制度肯定会比现在要好。伴随着社会制度即环境的改善，与环境相关的部分也会有相应的变化。因为这一过程中产生出了经验。很多人会好了伤疤忘了疼，不知道要去积累经验。当时会感到很痛苦，但过后会立即忘到脑后。认为经验是有无两可的人确实存在，即便是这样的人实际上也在一点一滴地积累着经验。比如昨天做了一件事后感觉不好，今天自然就不会去做，今后也不想再做。人类可以做到这一点是因为有记忆，记忆对于人类非常重要。思考、想法的产生都需要靠记忆去实现。人类只要有记忆，就有可能形成经验。拥有经验后，就会产生无数条进化的路。所以，只有人类可以创造历史。

记忆是什么呢？接触过佛教的人，即使看过一些经书——虽然禅宗基本不诵经——也会染上习气。佛教认为，习气是意识发挥作用的因。这是唯识论，也就是当今唯心论的主要观点。唯识论中经常会提到习气。佛教学者认为，习气就是在做一件事时，无论是思考还是实际操作，完成以后都会有所遗留。以此为源头，不断产生各种功用。我认为，习气就是记忆，这里讲的记忆是广义的记忆。以习气为源，形成了世界。通常，我们认为作为记忆的习气是不好的。我们对世界的判断取决于我们看待世界的角度。认为世界好，世界就是好的；认为坏，世界就是坏的。习气的确存在着不好的一面，但也有好的一面，这就是记忆。所以，习气本身是中性的，而经验是从记忆中产生出来的。佛教的语言虽然与世间使用同样的文字，表达的意思却相去甚远，读音也很特殊。比如“习气”在日语中读做“JIKKE”，与通常的读法不同，表达的意思也相异。识可以看作是心，所以唯识等于唯心。当然两词间存在着细微的差异，今天暂时不做解说。总之，唯识论认为世界是习气的发展和表现。以记忆为源头，从中产生出了经验。正是因为经验的存在，人类才得以发展成为人类。

◇◇◇◇◇◇◇◇◇◇◇

从宗教不安中产生宗教经验

如果从各种角度做进一步详细的说明，恐怕会生出很多麻烦，所以这里只简单概括了一下，接下来想谈一下宗教经验。各个领域都存在经验，每种经验都有着特殊的含义。与宗教相关和有宗教内容的经验，就是宗教经验。有社会经验，也有道德经验。作为社会的一员，我们所经历和以历练为基础的生活就是社会经验，或称道德经验。例如，诸恶莫做、众善奉行。我们的生活有很多方面，如从美术角度讲我们对美会有感受，以这种感受为基础形成的生活方面，就是美术经验。以这种方法探寻下去，就会发现我们拥有多种多样的经验。商人有经商的经验，在家信徒、僧侣，学校的老师、学生，男人、女人，都拥有他们在各自领域的各种经验。

下面举个例子。生活就像一张摊开的网，我们根据每时每刻的心情，选择站在网的某一结点上，普通的网一般由四个结点组成，而这张摊开的生活大网，不是四个结点，而是由无数个结点钩织而成。在这个意义上，提起任意一个结点全世界都会随之被提升起来。宛如佛教所说，一颗芥子粒，可容须弥山。须弥山是一座很高大的山，传说世界正是架构在此山之上，而一颗芥子粒就可以容纳下这座大山。我们一般认为“大”可以包容“小”，但从不认为“小”可以容纳“大”。但在佛教中“小”可容“大”的反常识观点却有很多。

可以从下述意义上去解释。当我们提起网的任何一个连接点时，整个世界都可以被装进网子里。就是说当我们不将芥子的种子和须弥山关系看作空间上的关系，而看作是“一张网中的连接点和连接点的关系”时，须弥山就会很容易地进入到“芥子粒”之中了。问题的关键是你将“中心点”置于何处。

这个“中心点”绝不是唯一的，每一个中心点都会与其他中心点连接。这意味着这张网的整体都是中心。比如我现在站立的地方，可以说是和全世界的人相互联系在一起的。佛陀曾说过“天上天下唯我独尊”，如果用上述方法解释佛陀这句话的含义，人们就很容易理解。总之，我们就是这样站在无穷无尽、相互关联、连绵不绝的这张网的某个连接点上，除了关系别无其他。佛教称之为“一切空”。

当问及“所谓宗教是指哪种关系”时，回答是“我们的经验不传递到特殊方面且遍及所有网眼，这个经验就是宗教经验。”宗教经验也可以认为是“自我以及与自我有关联的所有事物之间的关系”。当事人不可能在事件中做到掌控全局，或许连这种意识都没有。只会朦胧地感觉到内心的不安，并且茫然不知所措地被迫体验这一不安。那么，这份不安究竟出自何处呢？究其根本是出于自我和事物整体之间的关系。这种不安的体验，我们称为“宗教经验”。当事人会感到心中不安，无论怎样寻求帮助都会一无所获，所以，内心充满了深深的不安。

这些不安来自何处？这些烦恼从何产生？内心为什么惶恐不安？对自己应该如何定位？在宇宙这张网上，不知道自己站在哪个连接点上，更不知道站在哪个位置内心才能平静。我们只是茫然地漂泊，不知道用什么方法，从何入手去对治自己的情绪。这种不安叫做“宗教的不安”或“神秘的不安”。从宗教的不安中产生出来的经验全都是宗教经验。用今天的表达方式讲，就是所谓的“价值”和“我为什么存在”“我为什么这样活着”。这里的“为什么”这种意识也可以称为宗教意识。

◇在战胜痛苦的过程中产生“经验”

因为抱怨内心才会有痛苦。如果没有抱怨，自然不会有痛苦。如果一切事物都十分完美，所有的事情都一帆风顺，不满和痛苦也就不会产生，那时人类也会随之灭亡。当我们与环境的关系达到理想状态时，生死就没有了界限。人活在世上，就一定会有痛苦。没有痛苦的人生就不是人生，这样的生与死无异。有人曾说过：“比起极乐世界，我更想下地狱。有痛苦才会有救赎，因为有痛苦才能自觉到自己是在活着。如同有炎热才会有寒冷。”他的话很有道理。如夏威夷四季如夏，美国太平洋沿岸有些气候干燥的地区，全年也没有显著的气候变化。这样的气候会让人感觉欠缺点儿什么。人们只要在夏威夷住上三四年，就很难再去适应其他地区的气候。住在夏威夷的人就好像死了一样，气候的单一性让他们无法感受到大自然的刺激。热带地区的文明可能也会很发达，但我认为高度发达的文明，多是集中在寒冷或是偏寒冷以及气候有显著变化的地区。人类的生存需要刺激，刺激会让我们感到不满，随之产生痛苦。痛苦会成为人类生存的动力。冬天的早上起床时，身体会因寒冷而瑟瑟发抖，这会让我们感觉到自己是活着的。在社会生活中，人类需要经历痛苦从而真切感受生命的存在。很多学问也是从痛苦的感受中产生出来的。没有恶只有善的世界固然好，但从人类生存的角度讲，最好是既有善也有恶。当身边全是好事时，就无法感受到什么是好。有了坏的对比，好才会有真正的感觉。

人只要活着，痛苦就会伴随在我们身边。感到痛苦后，你就会下决心战胜痛苦。只有战胜了痛苦你才会获得幸福。这是痛苦最大的价值。一切都顺利的话，人就不会有战胜困难的决心。因为痛苦的存在，才会想到去战胜痛苦，改变现状。通过努力摆脱痛苦，走出困境乃至提高一个档次，才有可能让自己站到一个新的高度或角度，重新回顾和审视自己的从前。只有在战胜痛苦这一难能可贵的过程中，才会产生出“经验”。我们需要痛苦，它迫使我们去思考战胜它的方法，这种思考让我们的生活和智慧得到提升。这便是佛教的苦、集、灭、道，即四谛产生的原因所在。

◇“人生即苦”，苦从何来?

佛教认为“人生即苦”。那么，苦从何来呢？因为人们的心中聚集了众多痛苦的因缘，所以苦。去除痛苦有很多办法。所以，佛教理论的构成是很有组织体系的。据说这源于古代印度医生的诊断方法。

学者们认为，古代印度医生诊断的办法是，当人体的某个部位有病时，就要搞清楚生病的原因。如果这种病的生成有诸多原因，那么就要问：有没有治疗这种疾病的办法？回答是：有。后来，从印度医生研究医术的这种方法中，产生出了佛教的四谛。总之，这一切都是以“有痛苦”为前提的。

小时候常听说：佛教是厌世的宗教。佛教过于强调人生即苦。随着哲学的进步，现在很少有人这样讲了。人生即苦是不争的事实，因为人生中有苦的存在才令我们想到要去体验宗教。所以，苦的事实是无法否定的。可以认为：因为人有“要摆脱痛苦”的愿望，才让我们有了“正在活着”的强烈自觉。所以，人类必须将“苦”放在思考的首要位置，因为由此可以产生很多积极的想法。

产生苦的原因有很多。当我们欲求而不可得时会感到苦闷。私欲得不到满足的表现形式有很多。当无法得到你想要的金钱、名誉、权力时，你的心中就会产生不满和痛苦。只要生活在人类社会中，就要面对种种的不足和缺陷。每当我们感受到这些缺陷时，就会感到痛苦。人类大多数的愿望都很难如愿以偿，很多人的痛苦都来自求之不得。感觉到痛苦时，我们就会设法寻找摆脱痛苦的方法。如果执着地追求就可以得到我们想要的东西，自然就不会感到痛苦。事实上，人的欲求是永无止境的。所以人类一直在追求，却永远不满足。

当我们拥有了自己想要的金钱后，又会想要其他的东西。欲望得不到满足是苦，当暂时拥有了自己想要的一切，又不知道下一步该要什么的时候，还会感受到另一种苦。欲无止境，欲望既给我们带来了得不到的苦，也带来了得到后的苦。从根本上说，人就是为了受苦而来到人世的。若想消除痛苦，就必须戒除欲望。人类永无止境的欲望是很难戒除掉的。大概只有在无法生存或血液不再流动的情形下，才会停止追求，不再痛苦。人只要活在世上，就必然会有欲望。欲望无法得到满足就会痛苦，有痛苦就会找寻摆脱的办法。从另一个角度看，我们就是在战胜痛苦中生存的。那么，这种人生的价值在哪里？换句话说，人仅仅活着有没有价值？我们为什么要活着？我们为什么要经历这种种痛苦？这里的“为什么”，正是产生宗教体验的缘起。

有些人认为：人生是深奥难懂的，差不多就行了。如果真像他们所想的那样，可以糊涂地接受痛苦，度过一生。可能还会活得很不错。但一生都糊里糊涂地活、糊里糊涂地死太可悲了。不知道真正价值的人生，就不是真正的人生。这个结论是站在苦的角度得出来的，当我们回首人类历史就会发现，这样的结论是正确的。

◇只有当自己与无限的神形成关联，才算宗教体验

前面说的“为什么”，究竟是指什么呢？这里有一个要点，如果离开了这个要点，“为什么”就没有任何意义了。只有当这个要点走出孤独的境界，重新回到包容它的大事物的关联中，才能理解它的意义。这就是说，这个要点和它所属的大物体之间，即局部与整体之间产生关联时，我们才会理解这个要点的意义。所谓的苦，如果仅仅意味着离开自己，而自己又只是一个终极体，是个独立的存在并与其他事物断绝了联系，此时我们就会感到苦。倘若自我不再是一个穷极体，而是被包含在一个更大的物体之中，成为大物体的一个组成部分时，我们就可以逃离苦难。这时，自我的意义才能得到认可。个体与整体（整体在这里可以称为“神”）是相互关联的。当我们意识到自我并非只属于自己，而是被一个更大的“神”所包含，自己是生活在一张很大的关系网中时，便形成了一个宗教经验。这时，苦将会隐形，可以直接看到生命的意义所在。当然，这里的神必须是真正意义上的整体。自我这个个体仅仅与社会、国家，如日本这个国家有关联是不够的，整个世界也不够，甚至全部太阳系依然不够。这里的“神”一定是比这些都要大的存在。

如果将自我放进一个有边界的圆中，由于圆有界限，所以不是真

正的“神”，一定是有所偏倚的神。真正的神必须是无限的神，只有当自己与无限的神形成关联后才能得到满足。如果仅仅是一个受到限制的小物体，我们会认为一定有比它更好的，肯定会觉得不满足，从而无止境地追求下去。最终找到的那个令人满意的神——必须是包容了自己——同时又是无限的神。

有人会说：这种找寻方式太过模糊了，不知该从何入手。我认为，想要消除这种茫然，就必须要将“神”直接转化为自己。要将我们的体验融入其中。这时的“神”就是我，我就是“神”。这样才会产生出真正成熟的宗教体验，形成自己的信仰。从这个角度去观察宗教经验，就会发现我们的生命、生活与诸多方面都是相互关联的。这一相互关联的关系，在实际生活中为我们提供了很多实际生活的经验。宗教体验就是站在相互关联的种种关系之上，去审视这些关系。当我们能够用纵览全局的眼光，去审视包罗万象的神与自我的对立、相融，就会发现，我们不认同“苦”的存在是错误的，苦是真实存在着的。

这样一来，又会引发出一个相当大的宗教困惑。宗教如果肯定所有事物存在的现状，认可事物的所有存在方式，就会有良莠不分的倾向。就会认可当今社会中存在的诸多恶行，甚至认可当今世界政治、经济方面的诸多缺陷。这肯定是不可行的。我相信，在肯定的同时，宗教体验必将会起到改变现状、打破僵局的作用。

如何看待自己当下的宗教体验

当宗教成为我们思考的问题时，一定可以从多种角度去研究。宗教既可以厘清个人的自我，即个我和全我之间的关系，还可以教会我们从多种角度观察。例如，从历史的角度研究宗教的各个发展历程，从野蛮人信仰的宗教到今天的信仰等诸多领域的问题。不仅从历史角度，还可做多宗教的比较或从哲学、心理学的角度展开研究。我主要是想告诉大家，看待自己当下的宗教时，可以从以下两个角度去观察：一是作为个人体验的宗教；二是作为一种社会组织、社会制度的宗教。从这个意义上看，存在着宗教是否会起作用的问题。作为制度的宗教，应该会出现“是否起作用”的问题。但从个人的宗教体验来讲，不存在起不起作用的问题。宗教作为制度时，会得出起作用和不起作用都可以的结论。制度是脱离个人的，是存在于我们生活中的。

当我们建造寺院时，寺院就是脱离了个人的宗教体验，成为一种社会的制度。我认为这是社会生活中应当予以认可的现象。日本佛教中最有势力的是净土真宗。由于禅宗过于将重心倾向个人，从社会制度的宗教方面讲是弱于净土真宗的。净土真宗是因其非常团结的特性而形成的一个团体。团体中先有本山[①]，本山下面分出很多的末寺[②]，再下面是众多的信徒。这个团体在一个中心思想或信仰指导下运转时，会形成一股巨大的社会力量。这时的宗教就可以看作是社会的存在。

---

① 译者注：日语佛教用语。指于佛教特定宗派内被赋予特别地位的寺院。

② 译者注：受本山管理的寺院。

个人的宗教体验包括三大要素

我今天不想谈宗教的社会性，想从个人的特殊性角度探讨，即将宗教看作是个人的宗教去考虑。所以，这里不谈有没有本山、有没有末寺。也不考虑本山是什么宗派，更不谈本山的事业是社会事业、慈善事业，还是与政治、教育有关。本讲的主旨，只是论述个人的宗教体验。

有学者认为，宗教如果不涉及社会生活的意义，就没有作用。从某种意义上讲，宗教的确可以无视社会和国家，因为它要追求的是一个更大的存在。所以，国家、社会、世界对宗教来说可有可无。可以说，个人的宗教和作为社会制度的宗教没有任何关联。因此，宗教确实是一个十分危险的存在。所幸，宗教必须作为制度方能成立，可以多少缓和一些上述危险。从个人的宗教体验角度讲，社会的价值等没有任何意义。从某种角度讲，宗教与理论和社会政策没有任何关系。由于这种说法有着很大的危险性，在此不做过多阐述。因为宗教存在着极为世俗的部分，所以在发展过程中也有向社会道德妥协的时候。用“妥协”一词或许有些不妥。人类无法孤立地存在，无视、逃离社会则无法生存，所以宗教也必然有妥协的时候。总之，今天的演讲主题是个人体验，作为个人经验的宗教，我认为有三个组成部分：传统性要素、理性要素和神秘性要素。

具有宗教体验之前，是按照什么样的顺序形成了最初的宗教体验呢？当今世界的顺序是，首先依照传统接受宗教。宗教具有必须依靠传统的特点。由于宗教具有“传统必不可少”的特性，作为制度，宗教可以被列入到传统的因素之中。从个人体验的角度看，虽然是可有可无，但由于宗教不可能离开其他存在而独立生存，所以，一定会与其他的一个存在或更多的存在产生关联。这样就形成了作为制度的宗教，宗教只有形成制度才会有发展的基础。如果一个人也能够生存，就不会有产生宗教的因缘。所以，否定社会生活，一味强调个体，宗教则不会存在。

可以想象，个人的宗教体验中一定会有社会生活。因此，宗教中必须要有传统的因素。我们小时候都被大人带着去过寺院。在西方，家长同样带孩子去教堂。总之，我们都被父母或是长辈领着去过，不管我们是否有这样的宗教需求。即使不去寺院，大人也会请僧人到家里诵经或说法。说法大多是在寺院中进行，诵经本身其实就是一种说法。经书就是佛祖说法的记录，诵经就如同在听佛陀说法。这就是诵经的起源。后来，诵经的意义发生了变化。最近，诵经已经变成“必须要读，所以才读”了。是否理解经文的意思也不再重要，只要诵读就可以了，这种现象虽然也有值得思考的部分，但诵经的起源是为了让佛陀的声音永远在耳边回响，所以用诵经的方式反复聆听。我认可经文必须诵读这一观点，但不能否认人们还有相反的看法。

社会上有这样的现象，有一件从社会角度来看大家都在做的事。有些人就会说：事情发展到今天，无论现在是什么情形都需要重新回归本源，按当时的初衷去做。这种看法的确很有道理。但有一点需要注意，就是不要忘记这件事起源于几年甚至几百年前，今天的现状中已蕴含着历史的沧桑和变迁。所以，不能简单地考虑本源。

有些事物，初衷已被彻底遗忘，留下的只有历史变迁后的现状。历史意义也已经被赋予了新意或发生了巨大变化。有些已经变得无法理解，无法理解的也许正是它的意义所在。如新年时用松枝和绳子表示喜庆。喜庆中，其实有着很不吉利的一面。正如一休和尚所示：如果新年正是逐渐接近死亡的时候，就会不喜庆了。正月的喜庆是有原因的。因为新年时，如果有人说“节哀顺变”会让人感觉怪怪的。所以，既不能对每一件事都追根寻源，也不能因为“现在就是这样一个现状”就给予肯定。

◇◇◇◇◇◇◇◇◇◇◇

宗教教育可培育我们对宗教的感知与情感

孩子们去寺院听和尚诵经和讲法，并非他们有宗教需求。教育也是一样，没有孩子会主动要求接受教育。孩子们在学校，如果没有老师的管教应该不会有人学习。孩子们是因为学校有要求，才会学习。我们的日常工作中这样的现象不是也很常见吗？如果你从事教育工作时间长了就会逐渐意识到：祖先为我们留下了如此众多的财富——宗教虽不是财富，但财富是通过宗教继承的——不能让这些财富减少，要让它越变越多，并传给下一代。送孩子去学校，带孩子去寺院，无论哪种方式，都是为了让孩子继承祖先留下的物质、文化、思想的遗产。我认为带孩子去寺院是个非常好的习惯，在孩子小的时候就让他们养成这样的习惯再好不过了。常听基督徒抱怨说，现在的基督教势力衰退，信徒越来越少。这或许是真的吧。我不是要求大家必须去教堂或寺院。有人认为去宗教场所对孩子不会有帮助，但还是去了。尤其是基督教与道德密切相关，基督徒们认为非基督徒都是些野蛮且不守规矩的人。更有甚者将周日带孩子去寺院看作是作秀。其实，带孩子去寺院增长见识是一件好事，是一种很好的宗教教育。通过去寺院，宗教会逐渐进入他们的心中。即使没有被带去寺院，也可以通过社会上业已存在的寺院和僧侣，让孩子们对经书耳闻目睹，这也是接受宗教教育的一种方式。传统宗教对人心的渗透力非常大。坏母亲不会带出好孩子。尤其是在宗教教育方面，母亲起着关键性的作用。伟人，尤其是宗教领袖的母亲，大多是非常优秀的。可以说，对孩子进行教育是母亲的一项重要工作，是父亲力所不能及的。这说明了女性的难能可贵。

此时，我想起了印度的孙大信。他十六岁时改信基督。当今已是一名基督教的大成者。他在儿童时期接受的是什么教育呢？他十六岁转信基督，印度人成熟较早，十六岁相当于气候寒冷国家的十九、二十岁。他自称是基督徒，其实，他信仰的应该说是基督教和佛教的融合体。今天在印度，佛教已所剩无几。但在印度这个国度，即使不以佛教的名义出现，佛教的核心精神依旧会通过其他方式融入其他宗教中。印度教中就有着很多佛教的思想。建立了反英同盟的甘地，他的信仰中有着很多佛教的思想。孙大信虽然自称是基督徒，不是佛教徒，但他的思想中还是吸收了很多佛教的精华。孙大信不所属任何一个教会，他认为那样会让他感到不自由。他想要传教时，可以去任何一个教会，如果有了所属教派就不会这么自由。他就是这样一位独来独往、与众不同的基督徒。他曾身无分文游遍欧洲。随着名气的增加，愿意为他出资的人很多。一天，一个人建议说："你不妨进基督教的神学院去研究神学，从历史和组织角度系统性地学习神学。"孙大信答道："我早就从基督教的神学院毕业了。不上学也可以。"当被问及是哪所学校时，他回答说："母亲的怀抱。"他自称毕业于"母亲的怀抱"。他十二岁时母亲便去世了。小时候，母亲常对他说，"你要成为优秀的宗教家，要献身宗教就一定能有大成就。"所以，他认为已经从"母亲的怀抱"里毕业了，没有必要再去学习其他学说。孙大信很有个性，在英国传教时和印度的圣者一样赤脚走路，不戴帽子，十分朴素。有一次在拜访一所豪宅时，出来迎接的女仆人看到他后向主人描述道："有一位来访者，从未听过他这样的名字，看上去和耶稣一样。"这个故事充分说明了孙大信的风貌和性格。从他所言来看，只有母亲的教育，才具有让传统的宗教走进孩子内心深处的能力。只有从这方面入手才能培育我们对宗教的知识、认知、情感。因此，要得到宗教的体验，除了带孩子去寺院外，母亲在家中对孩子的感化也是颇有影响力的。这一点千万不要忘记，我一有机会就会反复地提及这一点。

◇◇◇◇◇◇◇◇◇◇◇

传承宗教是要传承精神而非仪式

"面对宗教时个人是什么态度呢？"答案只有一个，就是只会一味地听别人讲，完全是被动的。为什么要诵经，为什么要合掌，为什么要去听开示，佛祖为什么伟大等，全然不知。只知道是被人带着去了寺院，被动地聆听开示。我认为被动地听和被人带着这些被动行为十分重要，是日后萌生宗教意识的助缘，是日后发现自己人生意义以及发展顺序的缘起。

这些被动行为之所以重要，是因为在现实生活中，传承财产的同时将我们的宗教经验也传给下一代是十分重要的。就是说在将父母遗留给我们的金钱、土地、住宅等财产传给孩子的同时，也要将我们积累的社会经验传授给他们，或者将其继承发展后再传给下一代。再进一步说是为了让我们能够重温宗教开创者所经历过的心理状态，传承必须要有一套仪轨和规矩。宗教建筑的艺术表达里同样包含有仪轨。这些仪轨会由外至里渗透进年轻人那颗即将形成的信仰心。如果置身于大殿，自己的心会不自觉地被大殿所散发出的宗教氛围所熏染。

宗教仪式是宗教情操的外在发展。如果它的表现是由内向外，那么接下来便会由外向内，转而对我们的内心产生作用。孩子的心会不知不觉地接受这一作用，会自然而然地从殿堂或仪式中感受到其中所包含的宗教领袖的心境。各种宗教环境以及表现形式，无论是用艺术形式表达，还是用行动和仪式展现，我们的宗教体验一定会通过各种形式表现出来，这些表现形式会唤起在场的每一个人的一种心境。内心清净、没有业障的人会准确地接受对方传递出的心境。这就是宗教的传统性。

从某种意义上讲，仪式是有无两可的。只要内心拥有仪式的功能，外界如何都不重要。但人类不行，人类的内心活动一定要有相应的外在表现形式。没有外在的表现形式，内心的作用也会消失。表现与体验间的紧密关联，使得表现不可或缺。古人云："德不孤，必有邻。"内心有活动，一定会展现于外在。没有展现，就说明内心的感受还不够强烈。总之，情感、意识、内心活动都要有相应的表现形式。只有表现出来，才能证明内心真正地发挥了作用。美术方面总是画不好，文章总是写不好，演奏时总是演不好，都说明当事人的感受还不够全面。当今寺院的衰败，也说明了佛教精神的缺失。我坚信，只要以真正的宗教信心去接受一切，就可以通过仪式或佛教的表现形式与活在今天的佛教相拥。单纯的表现形式也会伴随弊病，一脚踏空就会十分危险。换言之，如果我们过于重视表现形式，仪式就可能成为没有任何意义的单纯仪式。这是伴随着传统而存在的弊病。人类的行为总是伴随着弊病。没有了弊病，就会感觉到哪里不对劲。意识到不足时，就会在下次加以注意和改善。这种改善只要不是无视迄今体验的历史，就可以成就历史上传承至今的思想。这样的思想会在千变万化的环境中以最契理契机的方式重现。

从前有一位著名的画家，国王对他说："我想看看你的画，画一幅让我看看吧。"那位画家便画了一个圆圈呈给国王。国王问道："这怎么是画呢？"画家回答："绘画并非只是表现固定形状的山和河流，一个圆就足够了。不理解这一点，就不会懂我的画。"这个故事虽然不是发生在日本，但我相信类似的故事在日本画家中也一定会有。

现在有些画我们虽然看不懂，但我相信有欣赏眼光的人一定是一看就懂。过于拘泥形式就会显得呆板，但毕竟还可以引发争论。

但如果仅仅是停留在形式上，就会形成巨大的缺陷。事实上，心理活动若只是停留在内心，不借助某种形式展现出来，就不能发挥心理活动的力量。表现的形式和表现的思想，可以认为是两种不同的存在。如果不是人是神，就无需什么表现形式了。只要是人，既需要传统也需要形式。从表现意义的角度讲，制度和教育都有其相应的意义。

第二讲

宗教体验的各种形态

传统性、知性、神秘性是形成宗教的三个必要条件。不具备这三个条件，宗教则不成立。在传统性方面、有关仪式方面同样都包含这三个条件。

知性，简单说就是道理。所谓“道理”，一般是指“讲道理”，不对事物加以说明，就无法界定。我们做一件事时，不是单纯地去做。无论好事还是坏事，总是要找一些做这件事的理由。当人们做完一件事情时，无论是好事还是坏事，都要给自己找些借口。做了好事本应不需要借口，但我们仍旧会问：你为什么要做好事？这是人类共同的特性。宗教也是如此，相信主、祈求阿弥陀佛护佑等也是一样，都是人性的普遍表现。找借口通常是在做完一件事后，而不是在做事前。一般的顺序是先完成工作再去找借口。

◇◇◇◇◇◇◇◇◇◇◇

宗教最初的表现形式大多是仪式

野蛮时代的宗教，其表现形式大多是仪式。虽不知其中原委，但依旧举行各种仪式。仪式通常伴有严肃感和敬畏感。人们从仪式中产生了对主和佛的信仰。开始只是举行一种仪式，不知为何从中得到了满足然后就产生了神。这里的神并非特定的某一位，而是意识到山河草木、世间万物中都住有神明，并开始对神灵顶礼膜拜。

供奉“稻荷神”，与其说是清楚地意识并认识到有“正一位稻荷大明神”，不如说是在供奉爱吃油豆腐的狐狸。这是为了让宗教更便于贴近生活。这种仪式始于原始时代并流传至今。先有必须要做的事情，做完后产生了“为什么要做”的疑问，于是就有了说明，有了为什么要做的说法。这时知性因素就到达了宗教阶段。如果对照孩童时期的成长经历，恰如十三四岁的初中生，这时是最爱“讲道理”的年纪，是思维发育的高峰期。信佛家庭的孩子，都去过寺院，听过说法，参加过各种佛教仪式。开始时，他们很满足地跟在父母身后，模仿他们作法。到了这个年龄便开始怀疑“真的有佛吗”？基督徒的孩子们会开始怀疑“主是否真的存在”“为什么要为死者诵经”“人死后会去哪里”“为什么要诵经”……各种疑问会接连不断地涌上脑海。如果找不到满意的答案就会产生烦恼。这个年龄段的孩子最让父母挠头，但所有的孩子都会经历这个成长过程。

◇◇◇◇◇◇◇◇◇◇◇◇

思考使宗教的知性因素进入头脑

“子曰：吾十有五而志于学。”十五岁志于学，不是说中国人在这个年龄开始学习，是指形成了寻找、质疑事物的研究意识，即形成了知性自觉。从此，不会再像以前那样无条件地接受一个事物，会开始思考事物的形成原因以及是否接受它。每个孩子都会经历这种转变。迄今为止只是盲目去做的孩子们，从此开始会回头审视自己的行为，会问一个“为什么”。以前的自己是没有分别的，自己就是做事的自己。开始思考——开始回顾并思考“这是什么”——此时此刻的自己已不再是无分别的自己了。那个盲目做事的自己开始脱离自己，而从外部审视自己。知性需求的产生，意味着自己已经是一分为二了。这种分离成为能够真正救赎自我的阶梯，同时也埋下了烦恼的种子。

从生物角度看，动物界也是如此。动物中有聪明的动物，也有很原始的下等动物。它们只有生存的技能，没有思考。植物也是一样，所以没有分别。事物没有一成不变的，当一个存在消失后，人们意识到世界是自他对立的时候，自他就会相互牵制。条件并非总是自由的，限制自己行动的因素无时无刻不站立在自己面前。盲目做事不去思考的时代已经过去，我们开始思考自己的行为被限制的理由。为什么被限制？为什么必须被限制？是什么在限制自己？迄今只会盲目做事的我们伴随着长大，开始思考做事的理由了。这一变化意味着你已从少年进入了青年。

不要让知性的成长途径只限于劳作，要后退一步去审视劳作本身。思考是什么限制了自己的行动？行动的目的是什么？在哪里可以找到行动的自由？开始可能觉得有阻碍会很麻烦，但渐渐地你会意识到，有阻碍其实是一件好事。开始时只是单纯地躲避障碍物，寻找没有阻碍的地方前行。随着不断前进，反而开始觉得有障碍是一件好事。这是真正的思考。因为存在障碍，所以才会去思考。思考一旦形成，就会不断进步，知性会在这时独立出来。俗话说“艰难汝玉”，贫穷、困苦使人类成长为思考的动物。思考会转换前进的方向，思考的意识和内容会因此丰富起来。虽然艰难，如果能丰富当事人的意识内容，对这个人来讲就是有价值的。如果超越了承受范围，也会很麻烦。如果可以承受丰富意识内容，那么机会当然是越多越好。根据一个人与生俱来的能力，他会遇到各种各样的人生障碍。如果具备逐一扫清障碍的能力，内心的生活内容一定会是丰富多彩的。如果不具备这种能力，则会败给迎面而来的阻力，自己的成长也会受到阻碍。应当如何去应对这些情况呢？每个人的遗传、生存的环境千差万别。所以，个人思想意识的成长就成了教育家、学者们研究的重要课题。

有人会说：这个问题不必想得太复杂，在学校里可以充分地思考。当今的学校是受经济和国家体制制约的，不会去专门研究某一个人的成长环境和遗传，从而让他的个性得以健康成长。随着社会的发展，将来的学校或许可以做到。今天的学校要受到经济或国家体制的制约。关于这个话题我不再赘述。总之，我们肯定要思考，思考是宗教的知性因素进入我们头脑的原因。

◇◇◇◇◇◇◇◇◇◇◇

佛教中的“分别”会产生什么结果？

◇知开始独立，具有单纯的知的功能

从某种意义上来讲，我们在最初时是无知的。佛教称为无明、不觉。无明和不觉并不意味着从开始就没有智慧，是指知还不发达，只是一种功能。这是无明的功能。有人这样解释佛教：人不能对事物一无所知，所以必须破无明。我对此多少持有异议，但这不重要。

思想意识不发达、知性尚未发展起来之前的单纯劳作可以认为是无明。无明就是业，业就是无明。人们通常说“无明业”，我认为应该改为“无明即业”。在意识没有发挥作用时的单纯行为，哲学上称为“盲动”。所以，无明不单纯是指没有智慧，而是指只有行为的状态。在此之后，我们会产生退一步去观察行为的需求。不用去问为什么会有这样的需求，因为人类就是这样生存下来的。

佛教在两千五百多年前产生于印度。当时只是形成了大致的骨架，后来是在漫长的岁月中逐渐发展完善。佛教所说的识，就是前

面讲到的分别。俗话所说的“分别”和“分别盛”[①]正是来自佛教中的“分别”一词。无明、不觉、业等变成“分别”，就产生出了分别后的产物。这个产物就是识。开始只会盲目劳作的人类，在今天具有了退后一步观察的识。这样的发展有好的一面，也有坏的一面。分别是很好的事，也是人类的特性。动物虽然也有这一特性，但不如人类发达。分别能够成为人类的特性是件好事，但大乘佛教却要求我们，必须要放下分别心，进入到无分别的状态中。这是大乘经典再三强调的，尤其是《楞严经》。从分别中将会产生出什么结果呢？迄今为止劳作只是一种本能，本能是无分别的。我们看小鸟筑巢，真可谓巧夺天工。工学、数学的专家们对鸟巢进行研究后，都会被小鸟用本能创造出的巧妙、精致所震惊。蚂蚁的世界也是如此。在一些地方，鸟巢的高度也成为今年是否会下雪的预兆。如果鸟筑的巢比往年高出两三尺，当地的人就会知道今年一定有雪。不知道鸟为什么会有这种本能，也许人类也曾有过，只是如今已经全部消失了。只有下雪后才会知道要下多大的雪。现在有天气预报，有人认为天气预报靠不住。现在的天气预报确实不靠谱。现在的天气观测站并未覆盖所有的山顶和各种海拔高度。特别是日本面向太平洋，是受太平洋气候影响的国度。在我这个外行看来，在观测不到影响天气的详细数据的前提下，无法做出完全准确的预报。无论科学怎样发达，不具备繁杂细致的条件是无法做出准确预报的。现在我们可以做出天体运行方面的预测。天体运行所需的预测条件相对简单，

① 译者注：日语，表示通晓事理的年龄。

通过数学计算就可以完成。一旦增加了复杂的条件后，就不会那么容易，准确地做出预测了。

大家知道，动物的本能是人类的智慧无法比拟的。不是说它们可以预知一两年后将要发生的事情，因为预知是有限度的。它们完全凭借无意识、无分别、天生的本能生存。人类花费五十年苦心研究也不会搞清楚的事情，动物可以凭借本能做得不差毫厘。人类由于分别意识的高度进化，已不知失去了多少本能的力量。智慧的本性是判断事物，思考事物不能仅靠本能，一定要拿起算盘实际计算。智慧是如何增长的呢？这时的智慧开始独立了。在以前，知是劳作所必不可少的。那时的知是十分实际的，只是考虑如何才能充分地劳作。如遇到障碍物时如何才能将其搬走等，十分现实。这时知离开了劳作，具有了单纯的知的功能。

◇分别也有不好的一面

前面我曾谈到有人说：大学里的学问没什么用，不如进银行从底层做到高管实际。大学里学的东西完全没用，我认为这要从多个角度来看。伴随着知的发达，的确会有人变得不食人间烟火。特别是在学校当老师的，他们不谙世故、动手能力差。所以，大多数学者都很清贫。他们不解世故，实操能力极弱。这说明在现实生活中，学者们的知在逐渐独立。如果只是知单方面的发达，就会变成“为学问而做学问”。我不知道研究学问的结果是否会为人类生活、社会生活、团体生活带来正面的影响，总之，单纯的学术研究带来的结果是“为了学问而做学问”。

医生工作的目的是治病救人。同时也在残杀兔子、狗等动物，行为十分残忍。这种行为在一定范围内或许可以为人类带来好处，但医生们却只是一味地强调“这完全是为了学问和研究”。从常识来讲，医生的行为实在是毫无慈悲，非常残酷！医生们却不以为然。不知道这些研究究竟为人类带来了多少好处。只要研究学问就会带来这样的后果。

不仅医生，哲学家的研究也是如此。哲学家的研究就是思索。这些思索可能与当今的现实世界毫无关联，没有哲学家的这些研究，我们一样可以生活。他们不停地研究着这些概念如何，那些判断怎样，试图创造出另一个世界。物理学家、历史学家、地理学家、数学家们也是如此。不能说他们的研究完全脱离现实，但确实有着脱离现实、只凭智慧思索的倾向。人为的事情大多存在着这样的弊病。从事物发展的过程考虑就会得知，当现实生活需要产生一个新事物时，就会随之出现对它的研究，研究又会令这个新事物逐渐脱离现实。自古以来，中国人都被称为是现实主义的民族，日本人也一样。现实和理论是产生争论的症结所在。

换个角度讲，如果一方是保守心而另一方是进取心，学术研究并不一定是进取，不搞学术也不一定就保守。但是，让知走向独立的因素总是存在的。这个因素可能不一定是进取，但肯定不是保守。不按常规做事，就是违规。体现在政治、社会上就会引发各种冲突。我在此不评论保守和进取的是非，但人类总是想将思考和现实分开，结果造成了青年时期的烦恼。十七八岁时开始，心中开始出现各种各样的宗教烦恼。一直快乐的我们从这时起变得懦弱起来。年轻气盛、自信满满的青年开始感到了内心的烦恼，不愿接触社会，害怕与人来往，坐立不安。这就是分别带来的结果。孩提时代，心中没有分别。随着年龄的增长就不再天真、无分别了。随着分别的加深，我们开始伪装、开始虚伪。

以我为主的所作所为，即所谓的“天上天下唯我独尊”的自己，由于分别的出现，开始自己去审视自己并顾及别人会如何看自己。以前，因为不会审视自己，所以像个孩子一样随心所欲。当开始审视自己——若单纯是自己审视自己还好——不仅是自己审视自己，还会顾及他人如何审视自己，而这时恰恰又不知道别人究竟如何看待自己。如果能够做到客观地看待，从而取人之长补己之短当然是求之不得。一旦把控不住，就会虚伪地认为：反正是做给人看的，只要给别人一个好印象就好。

分别的结果导致“不是想这样做才会去做”，而是考虑到“别人会怎样看我”才会去做。不去分别就不会有这样的结果。没有虚伪就不会有分别。虚伪是当今社会即所谓文明社会的罪恶根源。

一位西方诗人写过如下诗句“如果可以做到像他人看自己那样去看自己”，别人看待自己的心情和自己揣测别人如何看自己的心情肯定是不同的。他人对自己的评价和揣摩他人对自己的评价，两者是有间隔的。如果可以像他人看待自己那样诚实地看待自己，我们将会变得纯洁，不再自负，世界也会变得和谐。

知性发展的结果是什么呢？是自己扼杀自己。为帮助自己而产生的知的功能，反而会成为杀害自己的凶手。那么知性是如何扼杀自己的呢？从宗教角度看，就是将一个原本完整的物体分成了两个。今后还会出现更多方式，最根本的就是一分为二。以前是“天上天下唯我独尊”，现在是左顾右盼、畏畏缩缩，毫无豁达自在的潇洒。这样的人与死无异。一个人如果审视自己如同照镜子一样客观，可以说这个人就死掉了。

孔子听弟子说一日三省时说道：“两次足矣”。想得太多，则会过犹不及。有人说，莎士比亚像日本的近松，他拥有一双看破人生的慧眼。莎翁曾说过这样的话：“反省会遮蔽清澈的心，会让我们看不到未来。”中国有句老话：“断而敢行，鬼神避之。”所谓“断而敢行”，意为一旦做出决定便立即付诸行动就会畅通无阻。俗话称之为“疯狂的力量”。疯狂中没有分别，只认准一个方向，所以力大无比。酒醉不乱性，也是同一个意思。不要去在乎这个人怎么做，那个人又做了什么。如同过独木桥，将注意力集中在对岸不去看脚下，即便有些摇摇晃晃，也可安抵对岸。如果有了分别，就会因心中恐惧而无法过桥。有人会从高塔跳下自杀。当我们登到高处时双脚时常会发抖，还会突发奇想从高处跳下去。这会不会就是跳塔自杀的原因呢？为了自杀而爬上高塔的行为会让人感到有些奇怪。从高高的塔上跳下去一定很抓众人眼球，但是也不能因此就可以说自杀是为了炫耀。现实中出于虚荣、为引人注意而选择跳塔的虚荣心理是存在的。我站在高处时，常常会有想跳下去的冲动。或许有些人并没有经过深思熟虑，也没什么企图，只是想跳就跳下去了。按照这个思路，醉汉过桥时就可以顺利通过。疯狂的人也许需要分别，但现在我们是在说分别不好的一面。醉汉过桥时，心中只有一个念头。当然，这不能成为一定要喝醉的理由。

心念专一就会顺利到达目标地。当我们分心并顾及其他时，反应和动作就变得迟钝。功能迟钝后，人就会死亡。上战场也是一样。有人在战争中立了大功而一举成名。其实，只要有某种动机任何人都可以做到。子弹朝你飞来时没有人不害怕。事后回过头来想一想，当时无论你害怕与否，都必须往前冲。战争中不是敌死就是我亡。决心这样一下，任务就只有一项——向前冲。这样反而可以气定神闲超常发挥，表现也一定是非常出色的。无论是在旁人眼中，还是在自己回首往事时，都会感叹当时为什么会有那么出色的表现。可悲的是，这样的现象不可持续。只会是随时发生并随时消失。经常听说有一些人开始时风光无限，不久又日落西山了。

《忠臣藏》故事中的四十七位武士剖腹自杀，表明他们在完成使命后做了一个了结。如果重回世间，不知又会遇到什么样的失败;漫长的岁月中又会发生什么事。为顾全他们一生的名誉，不如在当下结束生命。所以选择了剖腹自杀。这种说法似乎有一定的道理，但人不能因为有过一时的荣耀就必须放弃余生。因此，这个故事只能作为例子说说而已。

◇◇◇◇◇◇◇◇◇◇◇

宗教总会伴随着迷信

宗教总会伴随着迷信。科技的进步也消灭不了迷信。欧美各国即使在科学发达时期，迷信依旧存在。在科学还未发达的中古时期就存在的迷信，在科学发达的 18 ~19 世纪依然存在。我相信直到今天迷信依旧存在。我在二十几年前去法国的寺院时看到过一段记载，内容如同去浅草寺参拜观音时许的愿：如保佑我考试合格，愿为寺院捐赠石瓦或修缮损坏的柱子。考试真的通过后，许愿者就出钱修建了某处。这好像在稻荷神社的祈愿：请神灵保佑我心想事成。如能如愿，发愿为神社新建鸟居（注：即神社牌楼）。稻荷大神如果想要鸟居，就必须要帮助许愿人实现愿望，否则就会白白损失一个新鸟居。这就是迷信。

请愿的人和被祈求的神之间是什么关系，在什么条件下可以实现愿望或不能如愿等，都一无所知。所以，可能别人如了愿自己却落了空。更不知道甲如愿后乙跟着去祈求可否如愿以偿。不知道是否因人而异，也不知道应当具备什么条件。这也是迷信。

在科学领域，如天气预报是要有明确条件的。无论下雨还是刮风，只要条件具备，一定会下雨、刮风。如果是迷信，就不会知道需要具备哪些条件。只好装出一副很懂的样子去许愿、欺骗、愚弄他人。迷信不同于科学，科学需要明确所需的条件，找到先进的科学知识加以解决和无法解释的分界线。科学虽然在进步，但仍有人企图以未知的条件为前提去实现心愿。这样的欲望就是迷信。

科学的进步尚未能消除迷信。无法根除迷信是因为有下述这样的人存在。当听到别人说“在这里建房子、挖井、搭建厕所会不吉利，因为方位不好”时，即使不信风水，也会开始担心耗费了大量财力反而会招引来不吉利的事情。会尽量避开“不吉利”的地方修建厕所挖井、建房子。虽然不解其中奥妙，仍会尽量避开风水不好的地方。

这种人就是妥协性功利主义者。

迷信需要作为一个课题进行研究。据我观察，即使在科学知识产生以后，科学对所需的条件也开展了诸多研究，迷信却依旧存在。原因在于人类拥有超越科学的本能。迷信的依据存在于科学领域之外，扎根于比科学更深的地方。根只要不断，迷信就不会消失。无论科学如何发展，都不可能断除迷信。很多人组织破除迷信的集会，四处宣传要破除迷信。参加活动的大多是不迷信的人。迷信的人要么不去，要么去了也不会放弃迷信。在活动中能够做到破除迷信的人，大多是不迷信或基本摆脱了迷信的人。这种活动对破除迷信没什么作用。能够起些作用的人往往不去参加这类活动。生了根的迷信，可以去掉一些根茎，但斩草除根是不可能的。科学的力量来自已知的内容，科学会将事物一分为二。科学就是在一分为二的过程中产生的。迷信和宗教则不然，它生根于无分别中。这是科学的力量所无法做到的。科学的力量不可触及、无法做到的部分就是无分别。宗教和迷信产生于无分别。宗教和迷信都有很危险的部分，所以需要我们加以仔细研究，从而做到取其精华去其糟粕。

◇◇◇◇◇◇◇◇◇◇◇

宗教不单单包含感情，还有知性的元素

人们认为，人的力量无法达到的地方就是佛或神。所以会去求神拜佛。人们总是希望所有人类自身力所不及、考虑不到、无法弄懂的

事情，都要按自己的意愿去发展、变化。于是产生了迷信。迷信源于不知道、弄不懂，这让科学也束手无策。这是宗教的依据。人总有不知道的事情。知的出现，照亮了迄今的无明、不觉。使我们可以分成两部分来看无明、不觉。但知也有不能及的部分，有很多问题仅靠知是无法解决的。知达不到的地方会有不安。青少年时期是充满理想的，由于不安的存在，人们总是要为消除心中不安而大费脑筋。理论也有行不通的时候。比如说，我们将一个整体分成两部分后，对它会有一定的了解，但总是会有不知道的部分。知道不是绝对的，只有在不知道的前提下才能发挥作用。以一个事物为基础，制作出两个以上的事物，这两个事物就是二，它并不是从一开始就是分开的。能够计算出是两个，因为本源是一。所以，二来自一。我们一定要注意，这里的一是一分为二的，而不是数数时的一。一不是二中的一，不是数学，是作用。既不是一也不是其他，是一直在做功的功能。这才是一。如此想来，从一发展为二时的一，当然是指无法分别时的功能。如果这种功能已经成为一体，说明已经完成了一分为二的过程，那么，从已经分别后的“一”中根本无法产生出真正的功能。这里所说的一，是未分别的一，不是相对于二或三来说的一。那么怎样才能想出这个一呢？这个一是无法想到的。如果捕捉不到这个一，就无法安心。由此看来，智慧可以说是为了让人类迟钝而产生。开始时为了获得知而产生了智慧。智慧出现后会朝着发挥作用的方向发展。当知独立后，我们就会发觉知的产生只是为了把人变成傻子。人没有眼睛，就没有想看到的欲望。事实上，没有眼睛的人才会有想看见的欲望。并非因为有眼睛，我们才想去看到什么。而是想要看见，所以才有了眼睛。有了眼睛后，我们看到了山峰、河流、山川草木、芸芸众生。春有春色，秋有秋景。可惜的是在看到景色的同时，也看到了人类社会的错综复杂，产生了要这、要那的欲望。眼睛不知道给我们的日常生活增添了多少烦恼。同时，眼睛也让我们获得了众多的精神慰藉。看来，不看、不听、不说真的会省去很多烦恼。古人云：“知字是忧因”，意思是识字给我们带来了很多麻烦。

知发挥作用后，会让我们回首往事。这给我们带来了很多好处，也生出了许多烦恼。从宗教角度讲，如果佛祖诞生后什么都不说就好了。一句“天上天下唯我独尊”不知给我们带来了多少烦恼。这是什么意思呢？我们多了一个看问题的角度自然是好事，但坏事也随之而来了。分别的形成是一件大好事，同时也是一件坏事。它要求我们对每一件事物都要有个明确的说法。要求哲学必须彻底发挥知的作用去解决一切问题。其实，哲学不仅只是道理还包含有实践，如果哲学没有实践经验作基础就不会有生命。在这一方面，宗教比哲学更有力量。宗教不是无穷尽地追寻与实践分开的玄妙部分，而是要退一步去看某一方面。退一步观察非常重要，必须要这样做。退一步回到以前，并不是往回走很远，而是退到适当的程度。回到可以说“我不是回来了吗？”的地方就好。只要我们退到了可以这样说的程度，就是退回到了最合适的地方。只要能够证明我们退回来了即可。因为在这里我们可以找到宗教的依据。这个地方叫“无分别的境界”。有些人说：宗教是感情。虽然宗教和感情不可能完全一样，但在一定程度上是相似的。感情上无法理解的事情，通过宗教就变成可以理解的了。真正有过宗教体验的人，分析他们的心理后就会发现他们虽然嘴上说不知道，其实是知道的。在这里不明白等于明白。这样看待宗教人士比较贴切。如果说不知道就是知道，则说明知道就是不知道。如果这种说法成立，说明宗教中不单单包含感情，还包含知性的元素。人类是必须要跨越懂和不懂这一难关的，所以不能将宗教仅仅看作是感情问题。

◇◇◇◇◇◇◇◇◇◇

努力寻找防止宗教被误解的方法

下面我们的话题要转向本能。宗教是肯定本能的，或者说宗教发挥了本能的作用。宗教在发挥本能作用的过程中是伴随着危险的。这一点值得我们深刻思考，需要得出更加深入、透彻的结论。佛则会对佛教带来更大的负面影响。按照现在这样笼统、大致的观点理解佛教，很难避免在宗教中出现无政府主义和虚无主义。这是宗教本身具有的弊病。纵观历史上的宗教就会发现，宗教在某一方面会展现出严肃的姿态。如同佛祖修行时表现的那样：树下石上坐禅、坚持难行苦行。在另一方面则相反，为所欲为，没有限度，甚至会杀人。这样的行为有些甚至变成了宗教仪式。这给佛教增添了许多危险因素。大乘佛教在这方面尤其需要注意。

大乘佛教中有菩萨。菩萨化身成各种形态去救度众生。观音菩萨有三十三应身。佛教中有“应身”。法身佛显现的不是肉体而是法体，会根据众生的需求现身出各种形态。因为菩萨是应信众需求现身救度，所以如果信众要求女人，就会现女人身，这是十分危险的想法。在日本，普贤菩萨就是这样。普贤菩萨的坐骑是象，文殊菩萨的坐骑是狮子。狮子威武勇猛，有战胜一切的本领。所以文殊菩萨手持宝剑。普贤骑的是大象，大象很温和，可以包容万物。普贤菩萨骑在大象上象征着可以包容万物。

经常可以看到现女人相的“普贤骑象图”。博物馆常常会举办这类的展览，所以看到这类作品的机会也很多。普贤菩萨为什么现女相来度化众生呢？女性通常象征着色欲。当然，历史上女性伟人也层出不穷，但现女身相的普贤菩萨是出现在男性本位的世界中的。如果女性今后得到选举权，可能会统治男性。如今是男性为主，制定法律、建立社会制度等都以男性要求为准。不知道将来是什么样，但当时是男性为主，所以普贤菩萨应男人要求现女人身去度男性。从男性角度看，这更适合男性的宗教哲学。所以，当时男性为主的不合理的社会制度才能被认可。这对大乘佛教是十分危险的，一定要多加防备。否则一些人即使做了坏事也不会承认。用禅僧的话说“这样做是为了度化众生”。如果做好事去度化人的话，事后既不说好也不说坏也就算了。一旦做了坏事，如果说既没做坏事也没做好事就相当危险了。人有很多缺点，必须想方设法控制住它们。在这方面大乘佛教相当有危险性。“酒醉不违本性”这句话既有宗教的妙味，同时，也存在着被误解的危险。充分展示宗教妙味的同时，更要努力寻找防止宗教被误解的方法。我不知道将来会怎么样，但一定要推进宗教思想架构的建设。

第三讲

作为宗教的佛教

只有加入神秘情感，宗教才具有鲜活的生命

前一讲已说过，宗教有三大要素：第一是传统，第二是知性，第三是神秘性。这三个组成部分基本上表现出了宗教的本质。我认为还有必要再加上一条，就是仪式，也可以叫做“美的分子”。主要体现在殿堂的庄严[1]和音乐等领域。这些可以看作是宗教中美的元素。没有仪式，宗教就不会有神圣感。

佛教中传统的分子是接受和传播，佛教称之为传承。我们在日

① 译者注：佛教用语，即装饰。

常生活中称为传统。将老祖宗传下来的东西，从父母到儿女，从子女到孙子，代代相传。这就是宗教的保守分子。总体上宗教是保守的，保守形成的原因是传承的分子。与此相反，知性分子却总是企图破坏传统。知性分子总是会与传承、神秘性、仪式发生冲突，带有破坏所有事物的倾向。今天，我主要想谈一谈神秘的因素。“神秘”二字，日本古即有之。但与今天的“神秘”二字略有差异。神秘的、神秘性等是最近才出现的词汇。“神秘”一词虽然有时是指真言宗的真言秘法所包含的“将事物隐藏起来”的含义，但这一讲要说的神秘可以解释为“想要表达却无法表达”的状态。不是为了掩盖才去掩盖，而是想表现却表现不出来，其中似乎含有很大的知性成分，这里的神秘是广义的神秘。

广义的神秘中都包含了什么呢？包含了刚才讲到的“想要表达却无法表达的意思”。即所谓“佛祖四十九年一字未说”的《楞伽经》的状态。这“四十九年”是指佛祖从二十九岁成道到八十岁圆寂间的四十九年。佛祖说法四十九年，这个时间或许有些短，或许从文学角度讲不太准确，但四十九确是一个有意思的数字。既不是四十八年也不是四十七年，而是四十九年。四十九是个充满了诗意，耐人寻味的数字。四十九年间，佛陀一字未说。从成道的拂晓到涅槃的晚上，期间一字未说，弟子的问题也只字未答。这就是我们常说的“四十九年一字未说”。这是知性方面的、是想表达却无法表达的心境，是神秘的。但我认为应当放到广义的层面去看待。当知性意义上的神秘和情感上的神秘重合后，宗教的真正本性就会显现出来。

前面说过，宗教是由传承分子、传统分子、知性分子、仪式分子构成。但仅凭以上四点依旧无法形成宗教。必须加上有画龙点睛作用的神秘情感。宗教只有加入了神秘的分子，才会拥有活泼的鲜活生命。神秘中包含着各种各样的情感分子，如果要问都有哪些情感？首先就是“惊异的情感”，也就是看不惯。我们在生活中遇到看不惯的事物时就会感到不可思议。引发“不可思议感觉”的不一定都是宗教，但宗教中的确存在着能够让我们感受到“最不可思议”的成分。当然这也不能一概而论。当自己感到不可思议时，别人却不一定感受得到。有时看上去漠然置之，却包含着惊讶和不可思议的成分。其次是恐怖。我们有时经常感到惊讶却并不害怕，如很亲密的朋友时隔多年的来访，会令我们感到吃惊，却不会感到恐惧。但也有让我们既感到惊讶又感到恐怖的事情。当我们感到力所不能及的压迫感时就会心生恐怖。恐惧之外还有一个“畏”的念头，即敬畏。有些恐惧中没有畏惧，只是害怕、惊讶、吓了一跳。当对某些事物心生尊敬的同时还会产生出更深一层的情感。与己相同却在自己之上。从某种意义上讲，敬畏并不是因为对方拥有优越的社会地位或丰厚财力，而是对方看似与己相同，却感到在某些方面与己不同。当我们面对神灵时，会不由自主地低下头，这种情感不同于尊敬，应当说是敬畏。敬畏中包含了惊讶、恐惧和尊敬，这些成分聚集在一起后形成了一种复杂的情操，这种情操就是敬畏。这些是敬畏所必不可少的。但仅仅这些还不够，还需要再加上一两个元素。其一是信赖。将自己完全托付给对方并舍弃自我，只有将自己托付给对方才会感到安心，这就是信赖。敬畏中一定要有信赖。其二是希望。信任是一种托付，同时我们也要抱有期待和愿望，希望自己心中的理想和自己最珍惜、最珍贵的东西价值越来越高，越来越兴旺。对某一事物的信赖中一定包含着相信它越变越好、愈发兴盛的期待和希望，相信它会更上一层楼。知性分子占主导地位的宗教中，情感元素可谓是微乎其微。仔细分析一下就会发现宗教中是包含着希望和情感的，这是基督教反复强调的。基督教最为重视信仰、爱和希望。其他宗教人士曾批评佛教缺乏“希望”，但仔细研究后就会发现，“希望”是实实在在地存在于佛教中的。禅宗始终被看作是最没有“希望”的宗教，但仔细琢磨就会发现，禅宗是大有“希望”的。没有希望，禅宗将会面目全非。即便是满脑子“知性”和“直觉性思维”的人，心中依然有着某种希望。希望会逐渐地产生出复杂的情感。信赖、敬畏等情感也都产生于希望。没有希望就不能称之为宗教。宗教中还有让人安心的情感，信任也可以认为是一种安心。但仅仅是“信任”一词却无法充分表达出安心的全部含义，因为安心中还有满足于现状的含义。安心是宗教中必不可少的。仅仅是听闻的传统和传承性的讲法所得到的安心，一定会被知性分子破坏掉。仪式的、美的东西同样需要以“一心不乱”的安心为前提。无论有多少恐怖的念头以及信任和希望，没有八风不动的安心，宗教就不能成立。

佛教中还应加入情感的因素

看到“作为宗教的佛教”这个题目时，有人会提出疑问：“佛教不是宗教吗？”人们通常认为“佛教是知性的”，也有人认为“佛教是哲学”。还有人认为“佛教中包含了诸多要素”。为弄清楚这一点，我认为佛教中还应加入情感的因素。所以在此做了较为详细的论述。

关于安心，佛教认为是“转迷开悟”。我认为，需要对安心进行详细的解剖并尽可能地加以正确的感情分析。转迷开悟绝不仅仅是安心，还要有希望、信任、敬畏、慈悲和欢喜。此外，喜悦和法悦也必不可少。以上的诸多情感，构成了宗教真理中难以言表的情感要素。

◇宗教真理中的情感要素是怎么产生的

这些情感是如何产生的呢？比如，天崩地裂时自然会产生恐惧。野蛮人只会感到害怕，现实中有比人类更强大的存在，如果激怒了这一存在就会遭受灾害。于是人们想到通过举行各种仪式去安抚“强大存在”的情绪。可以认为，野蛮时代的宗教之所以得到发展，主要源于恐惧。随着文明的进步，我们发现自然的变革，如动物、矿物等的变革确实令我们震惊。例如，水结冰后会形成六角形的美丽结晶，矿物同样也会形成某种美丽的结晶。植物也是一样，春天开花、秋天红叶。根据最近植物学家的研究结果，发现植物也会有疼痛感。我们被刀子割到手时会感到疼，但却不知道当植物断了枝条时，某个部分也会有痛感。有些动物如果妨碍了人类，像蛆虫这样的害虫，就会被人类杀死，但人们却根本不知道它们是否会感到疼痛。研究植物性能的学者指出：通过精密仪器对植物的枝条断裂处和叶子被剪掉后的观察发现，这些部分出现了细胞聚集现象，说明植物有着敏锐的感受性。动物也有很多不可思议的现象。一到春天，燕子就会不知从何处飞来并孕育下一代。秋天一来又飞向别处，年年如此。蜜蜂窝、蚂蚁塔，如果认为仅仅是依据本能所搭建的，你不认为它的构造过于精致吗？学者可以在这些方面为我们提供充分的佐证材料。这样想来，围绕在我们身边的大自然不会也有着什么目的吧？蜜蜂、蚂蚁等营造出的社会生活，其完善程度足以令工学专家震惊。它们为什么能做到呢？关于这一点，基督教徒们曾展开过讨论，并以此为依据得出了“主是存在着的”结论。在此暂且不去讨论主是否存在的问题，但蜜蜂和蚂蚁的能力足以令人类产生恐惧心。不仅是一般人无法想象，连工学专家都颇感费解的事情，蚂蚁和蜜蜂却天生就会做，真是不可思议！当看过这方面专家的著书后你会更加吃惊。因为通过研究蜘蛛织网、蜂蜜筑巢的方法后，竟然发现其中包含着大量的物理学、力学和高等数学原理。

◇宗教的回归本能引导人类发现最初的本能

学者指出，人类正在远离动物天生具有的本能，变得不思考就无法行动。造桥是一件极为复杂的工程，需要从物理、力学各方面通过缜密计算才能开始建造，而且这些计算只有专家才能做到。而动物天生就会筑巢，蜘蛛织的网完全符合数学规律，在哪里挂丝最牢固，如何拉丝最节省……都是恰到好处。况且，蜘蛛是不经思考完全出于本能就可以做到。人类则要通过研究、计算才能完成。人类就是因为伴随着“进步”，远离并丧失了天生的本能。计算一下人类“进步”的得与失，真不知道得到的能否可以弥补丧失的。但是，当人类意识到这一点时，已经不再有自己恢复本能的能力。这是人类专属的烦恼。

但是，宗教却颇具回归本能的能力。回归本能，是指看到自然界、生物界的神秘后为之所动，心中生起各种各样的感情。因为宗教中有着人类最欠缺的本能——一种更高层次的本能，这种本能可称为宗教本能。只有遇到这一本能，才能使宗教具足应有的内涵。换言之，就是引导人类发现从最初的感觉到动物本能，进而上升到人类拥有的最高本能的目标。自然界和人的世界……人本来是应该回归到自然界中的。有时需要将人类和自然分开，有时又需要合为一体。人类脱离自然是件很奇妙的事，也是宗教的妙趣所在。这种脱离会让我们意识到：人类发现本能时之所以感到惊讶，是因为本能存在于我们所意识不到的地方。惊讶、恐惧、不可知是人类智慧无法把控的，如同我们无法把控宇宙一样。失控中会产生出情感，这种情感被人类称为惊讶、恐惧或敬畏。

◇如果自我脱离自然而存在，宗教就不会出现

如果只是恐惧、惊讶、敬畏，自我就会脱离自然而独立存在。这样，宗教就不会出现。人们总是期冀着与“自己力所不能及的存在”站在同一高度，希望自己与“力所不能及的存在”同在一处。自己一定要成为对方，对方也一定要成为自己。宗教有两种可能，要么

大家成为交心的朋友，手拉手地同排站立；要么自他完全融为一体。宗教的存在形态，完全取决于是将两者视为同一个存在，还是视为对立的两个存在；是视为一个整体，还是视为站在各自立场进行对话的关系。佛教认为自他不二，其他宗教的自他是能够手拉手站在一起，相互交流的关系。自己却不能变得和对方一样伟大。不是自己升至对方的高度，就是对方降至自己的层次，总之都是希望相互携手进行交流。有时硬性地让二者站在同一高度，有时由于二者不在同一层次根本无法站在一起。从其他宗教的角度讲，对方既可以与自己完全相同，也可以不相同，自他之间已是浑然一体。这时，不再存在他、我之分。佛教则相反，在强调他和我、我和他的关系时，是在变相强调他与我的存在。这时既不能说是一，也不能说是二，更不是同排站立的两个独立存在。事实上，主张不二的宗教，现实中也认可两个独立的存在。主张一分为二的宗教，最终也承认二者是合为一体。说到底，无论是争论还是讲理论，我认为当你选择了某个立场后，都会去抬一方打一方。

◇◇◇◇◇◇◇◇◇◇

真宗强调情感，而禅宗则强调智慧

佛教认为，智慧达不到的地方是与自我分离的。因为分离，所以力所不能及。佛教在这时会产生让“智慧达不到”的部分，变成自己智慧的愿望。实际上，“力所不能及”并不意味着与自己完全分离开。佛教一定要将分离的部分变为自己拥有的。如果是“智慧完全不可及”就不会用“可及、不可及”来表达了。因为不可及中存在着可及，才能称为“不可及”。当“不可及”时，一定会有“应该可及”的部分。所以，才能称之为“不可及”。在“完全不可及”的状态下，对方与自我根本就没有可沟通的“同一性”和“相同性质”，更谈不上什么“可及”或“不可及”。因为两者之间没有任何关系。如果两者间存在关系，当说“智慧不可及”时，两者之间的关系实际上已经是可及了。“可及的部分”是什么呢？答案是不可说。“不可及的部分”是什么呢？答案还是不可说。可及与不可及，都是不可说的。

禅宗常常在这一点上下工夫，所以有了“可说即不可说，不可说亦即可说。得道三十棒，不得道也三十棒。”的说法。这时说“到”，就是到了。一说“到”与“未到”，就会偏向某一方。“到”与“未到”之间这种不确定的状态才是确定。禅宗的僧人与其他宗派不同，潜心钻研并尝试着用各种各样的表达方法加以说明。

净土真宗不在意什么“到”与“未到”，他们将这一切都归于弥陀本愿。一切都交付给了弥陀本愿，自己什么都不留。因此认为佛法是极其不可思议的。净土真宗反复强调佛教的情感，而禅宗则强调智慧，是“得道三十棒，不得道也三十棒”。净土真宗从情感角度认为：要从情感层面去感知“弥陀的本愿是为了拯救有罪的我们。”这并不是说禅宗在智慧的层面感受不到宗教情感，而是双方看问题的角度不同。

◇以无义为义的思想

真宗认为，人犯下了这样、那样的罪，根据因果法则，有罪的人不能往生极乐世界，必须下地狱。仰仗佛陀的本愿就可以宽恕罪业，造了业的人同样可以往生净土，佛法真是不可思议。在俗世——用今天的话讲就是烦恼的世界，烦恼世界是有因果的。只要得到佛陀本愿的加持，即使做了要遭恶报的坏事也可以往生净土。

净土真宗的“佛法不可思议”是指弥陀的本愿超越了因果法则，可以让无法往生极乐世界、一定要下地狱的罪人往生净土。这是我们这些凡夫所无法理解的。在烦恼的自然界中无法实现的在宗教的世界中可以实现，这就是佛法的不可思议。

禅宗则从“得道三十棒，不得道也三十棒”的角度去看待上述问题和造业。这样或许会让人感觉禅宗是糊里糊涂的宗派。其实不然，禅宗中有宗教的希望，可以让你从中找到法喜。禅宗重点强调的与真宗提倡的情感恰恰相反，二者似乎互不相容。但换个角度看，二者却是相同的。真宗常说“自然法尔”，意思是一切都顺从弥陀。一切听从弥陀本愿的安排、不带丝毫的俗念、完全托付于弥陀本愿的法力，没有任何人类的相对性思考，一切都会通过佛的力量而显现。只需将自己委身于佛的力量，放弃人类的思考，真宗称之为信任和托付。拜托也好，托付也罢，在这里都被称为“自然法尔”。这是真宗的观点。佛教的其他宗派，即注重智慧的佛教宗派对“自然法尔”的解释，不是将其归结到弥陀的誓愿和弥陀本愿的作用上来，而是设立了一个抽象的存在并以此为原理，将这一原理的作用称为“自然法尔”。选择的立场不同，导致对“自然法尔”认识的许多不同。净土真宗对“自然法尔”的解释很具体，将其解释为弥陀誓愿，以无义为义。他力是以无义为义的，凡夫的俗念无法判断的是佛法的不可思议。这种不可思议正是无义中的义。将不可说变为可说，可说却又不可说，这其中有着佛法的不可思议。这就是“他力”的观点。

禅宗主张莫向外求。认为只要反省自心、向内深入挖掘自性就会碰触到自己的心性，这是禅宗的根本理念。举一个有趣的例子，中国唐朝时有两位和尚，一个叫渐源，一个叫道吾。渐源是道吾的弟子。二人有过一段关于佛法不可思议的对话，表现了以无义为义的思想。真宗是从本愿的观点解释“自然法尔”的，听上去略显牵强，但结果是一样的。与禅宗的心理状态基本相同。顺着这种心理状态追根索源就是在无义中见义。

一次渐源跟随师傅去一位信徒家并在葬礼上诵经。渐源来到佛像前，敲了敲棺材——棺材里确实有死人——问道：“是生，还是死？”道吾和尚说道：“不可道死，不可道生。生不可道，死亦不可道。”

生死是不可说的。生或死，这种生死关系的问题在这种场合下是不可说的。渐源听后感觉师傅的回答中好似在故意隐藏着什么秘密。于是就追问师傅：“为何不道？不道，可打和尚啦！”道吾和尚道：“不道，就是不道。打不打随你，我是不可道。”结果，渐源真的打了道吾和尚。

道吾和尚所说的“不道”其实是“不可道”，如果道出来就会隐藏掉真正的部分。不是为了隐藏而不道，而是因为“不可道”才不道的。道了，一定会露出狐狸尾巴。道了，就会变为哲学问题。

如果说“我知道但不说”，道吾就会露出马脚。

◇“不知到处”的境界正是一种神秘的体验

据《维摩经》记载，当文殊菩萨问维摩诘“何为不二法门”时，维摩默然不答。有的学者认为，维摩是通过形而上的方式作了回答。总之，无论是用婉转曲折的语言表达，还是以一种态度表示，一旦做出了“是这样”“不是这样”的判断，就会成为生死的问题。这是人类生存的最大矛盾所在。如果不保持沉默，一旦说出便是“出口言是非，秋风吹唇寒”的言多必失了。针对这一矛盾，净土真宗的观点是以无义为义，所以佛法不可思议。这里的不可解、不可知、无义等，正是宗教的眼目所在。达摩大师称其为“廓然无圣”。梁武帝遇到达摩大师时曾求教：“如何是圣谛第一义”，第一义也可称为真理。达摩答道：“廓然无圣。”我不确定这一公案是否是史实，总之有这样的传说。我们总是站在相对的立场上看待问题，当说道“廓然无圣”时，就没有相对了。达摩称此为：“不识。”越后[①]上杉谦信[②]的号就是“不识庵”，看来当时很多武将的禅修功夫甚是了得啊。达摩的“不识”，道吾的“不道生、不道死”，无义为义，脱离俗念等，究其根本就是宗教的“不知到处”的境界。有一种智慧所不及，自力无法估量的存在，这一存在又并非与自我完全分离，而是存在于

① 译者注：日本古代地名。

② 译者注：日本战国时代的大名。

自我之中。存在于自我之中却又无法表达清楚。超越了自己，与自己不即不离。既是自己又不是自己。这里说的不是因为不懂所以才说不懂，而是在到达“知不道”——本应可以用知识解决的——即走到了知识的尽头却又一步也无法前行的境界。这时会有柳暗花明。此时，我们会发现不知道的事情其实是知道的，与自己看似分离开的其实并未分离。禅宗称之为“不识”或“不道”。

这种说法又让人觉得宗教太过随意，如果认为宗教很随意，那就这么认为吧。这没办法改变。如果有人认可这种随意，那就太难能可贵了。如果认为随意不好，就只能努力让随意变得恰到好处。禅宗说“日午打三更”（日午指中午，三更指半夜）。这里的“打”不是通常说的“打”的动作，而是指中午时分打呼噜睡大觉。“日午打三更”到底是什么意思呢？我们常说：睡觉、清醒，梦或是幻觉。梦出现在睡觉时，幻觉产生于清醒时，我们到底是醒着，还是睡着呢？是活着，还是死了？是往生极乐世界，还是下地狱？将这些问题汇总后，问我们：“是知道，还是不知道”时，我们依旧还是不会回答。

在中国生长的禅宗对此有着十分巧妙的措辞，这点姑且不去谈它。宗教中，禅宗有禅宗的方式，基督教有基督教的方式——总是要抓住一个有生命的东西，否则，宗教将从本质上无法成立。语言会从这个生命中自然地产生出来。这就是达摩祖师传授给慧可的。达摩从印度来到中国向慧可传法，当达摩大师测试慧可悟到什么次第时，慧可答道：“听完传授感到已彻底了悟，当想用语言表达出来时，却又发现什么都不懂。”彻底了悟是这段对话的核心，也可称为妙。明明懂了却又不懂，明明懂了其中又有一些不懂、不能说的东西。“日午打三更”绝对不是知性的意思，它所表达的意思是心中似懂非懂，明明知道已经达到了那个境界，却又无法表达出来。“日午打三更”象征性地表达了一个神秘的体验。“象征性”一词可能不那么恰如其分，就先用这个词来表达吧。

◇◇◇◇◇◇◇◇◇◇◇

宗教的被动性

我虽然从知性的层面做了很多评论，但只停留在语言层面，并不真实。有个说法叫“冷暖自知”。为了品尝这个境界的滋味而做很多尝试。由此产生出了真宗的“以无义为义”。有人认为这种境界就是“陶醉”，禅宗是在品尝陶醉。不过，陶醉真的是一件坏事吗？一杯下肚，陶然而醉，酒醒后会感到不好意思。若是不醒，一直醉下去又何尝不可呢？这就是宗教的受动性。将某种事物放进自心去玩味，这是自发的、主动的。如果不是自心的作用，而是内心被一个比自心更强大的能量所驱使，这时被动性就成立了。从智慧的角度看，禅宗的不识、道吾的不道，都是心中了悟却无法用言语表达。基督教认为，这些都是被动的。如果自己的思想是可以表达出来的，如果是比自己强大的存在，自己的心就会被强大的力量所把控。这时自我将不复存在，只是为强大的外力提供了一个场所。强大的外力发挥作用时，自己只能被外力驱使，别无选择。正是因为这样，我特意在此使用了“受动”一词。

受动在大本教和天理教——天理教中有“御笔先”的说法——这些宗教中是存在的。这些宗教中的先觉者们，可以在完全没有自我意识的情况下写作。作诗时也会以令自己震惊的速度完成，他们经常会在睡眠中完成诗作。对于这些在没有自我意识情形下展现出来的功能，如果承认其中有宗教的意义，就等于认同了自己被强大的外力所驱使，只是强大外力使用的机器，只是提供了某种工具、提供了自己的手，让外力来写字。这意味着在“御笔先”中，存在着人类的知识所无法理解的强大存在。听说天理教中有很多类似的文书。

其实每个宗教都一样会有这样的情况。想说却不能说时，次第相同的人可以理解自己。当自心被强大的外力驱使时，次第相同的人由于尚未被驱使所以无法理解。

白隐和尚写过一首和歌。一天夜里，和尚在信州深山的寺院里打坐时下起了雪，雪打在竹子上发出了扑簌扑簌的响声。听到这声音后和尚豁然醒悟，提笔写下了：

夜深人静时，
篠田林谧拥古刹，[1]
雪打竹身响。

---

① 译者注：同信太，现日本大阪府和泉市。

若与白隐和尚不是同一个心境，就无法理解和歌中的妙趣。仅仅听雪声，根本无法拥有这样的心境。从白隐的角度讲，他感悟到了想说不可说、不可解释、无法说明的妙趣。白隐将这妙趣形容为雪的声响，这一描述恰如其分。这可以算作是禅宗的被动性吧。如果是真宗，则会将这类感悟统统人格化，认为是他力的作用。他们将一切都拜托给阿弥陀佛，放弃自己的主张，一心念诵南无阿弥陀佛。当然，这是我从禅宗的角度做的解释，真宗的解释也许会不同。如果不分禅宗和真宗只从宗教体验的角度看，其实，人们并不执着古人说了什么或发生过什么。只是作为自己的一个体验，用自己特有的方式表达了出来。我的说法是否妥当，任由大家评判。

用道元禅师的话说就是，这个世界看上去就像云飘过一样。人生有迷惑就有开悟；有山峰就有河流；有入睡就有清醒。大千世界无所不有。人生、宇宙、自然世界、人类生活，无所不有、绚烂多姿。无数的往事只有一件永驻心中、无法忘怀。这就是道元在和歌中所描述的：闲居深草（注：日本地名）时，夜晚在草庵中听到的雨声。这与白隐和尚听到雪打在竹子上发出扑簌声的境界有着心灵上的共鸣。这些诗歌表现了心中刻骨铭心的那一刻。我们凡人无论是听到雪打竹身的声响，还是静夜寺庵中的雨声时，既不会有这样的感受、也想象不到这些声音为什么令人难以忘怀。只有达到这样境界的人，即有过超越自身的经历并达到了更高境界的人，才可以体会这种心境。没有超越自我的经历，宗教神秘也不会成立。神秘不是隐藏，更不是沉默不语。而是清楚地听到了雪打竹身的清亮、寺庵夜雨的滴答，却无法用言语表达出来。即使尝试着表达，也只能停留在不识、不道、不可言的层面。除此之外，别无他法。如果宗教里缺少了这种元素，就如不呛鼻的芥末一样索然无味。芥末是不是只要辣就好呢？就像做大酱时发酵的臭味并非大酱的本味一样，只关注某一点就会忽视真正的妙趣所在。即便将显露出来的事物故意隐藏，别人还是会看到并知道你在隐藏。如果完全不知道或完全没有意识到，是否会因为没有意识而沦为和凡夫一样呢？答案是：不会的。你依旧处于彻底明了的状态中，只是在已经意识到的部分中，有一部分是无法准确转达给他人的。宗教问题，说到底就是重回孩童的纯真并从中找到新的境界。

《论语》有："思无邪"。孩子可以任性地做出很残酷的行为，但孩子的任性是真诚又天真无邪的。孩子们并不隐藏自己的残酷，这种澄明的心是想表达也无法表达清楚的。无奈，只好用雪打竹身和夜雨的声响来表达。抑或统统归为一句南无阿弥陀佛。无论怎样表达，最终都将是回归本源。这样的回归是宗教所不可或缺的。

如果具体地论述被动性，仅这个题目就可以成为一个课题。今天就此打住，留待其他机会。

◇◇◇◇◇◇◇◇◇◇

宗教行动上展现出的个人色彩

下面说说个人色彩。每人都有自己的色彩，十人十样，百人百种。我们的面孔看似相同却有差异。都是人，自己与旁人总有不同。

用科学进行详细的分析和研究就会发现细胞或其他细微之处与他人的区别。如血液，有的人血色素多，有的人血色素少一些。大家有着相似的面孔，绝没有完全相同的脸，每个人都有着自己的绝对性。从哲学角度看，净土真宗、基督教、禅宗都会因每个信徒的个人色彩产生出差异。无论是亲鸾圣人、法然上人、一休和尚、梦窗国师，还是同出禅门的高僧，都不会是同一个模子刻出来的，他们有着各自的特色。他们一定有着相同之处，但绝对有不同，这便是个人色彩。宗教的神秘色彩、被动性、神秘的宗教感情等会因宗教不同，呈现出迥异的表现方式。同一个家庭出生的人，相貌、声音、骨骼、思维都会相似，但一定会有细微的差别。这就是个人色彩。让我们再次回到原点看一看，个人的色彩是色彩，当宗教的被动性以及知性、神秘的心境等体现在行动中时，也会展示出个人色彩。从总体看，拥有宗教体验的人，都会普遍地展示出被动性。这说明有一个比自己强大的存在，进入了自己占有的领域中。

当自己的地盘被强大的存在占领时，自己的行为会受到什么影响呢？首先是谦卑，佛教称为忍辱，六波罗蜜中包含忍辱，忍辱是显现出来的第一个特点。《金刚经》中经常提到这一点，没有读过《金刚经》的读者，希望务必读一读。忍辱并非忍耐，也不同于心甘情愿。是在拥有安心、希望、信任的前提下，去忍受和接受迫害。佛教中，忍辱是非常尊贵的。基督教的《圣经》告诉我们：如果别人打了你的左脸，你就伸出右脸让他打。如果自己发自内心地崇敬比自己强大的存在，情感的作用就是让我们去忍辱。所以，《金刚经》说到了忍辱。

另一个是轻贱，意为轻视、鄙视，同样属于忍辱范畴。《金刚经》也说到了轻贱，这很难得。轻贱意为将自己低贱的部分放到比自己强大的存在中去审视，从而自觉到自己的不足，这样就可以避免被别人轻蔑。轻贱源于自认为自己是高尚的，这也是一种忍辱。忍辱的作用是可以让自己自然而然地感觉不到自己是在忍辱。这也是一种神秘，是从神秘体验中产生出来的功能。《金刚经》对这种功能作了明确的阐述。忍辱可以让我们懂得感恩和惜福。忍辱是很消极的，当有了感恩的心情，忍辱就变成积极的了。感知到自心中有着超越了自己的神时，自我就会消失。当自己存在于“自我消失”中时，就会产生出感恩的心。心生感恩时就是自我消失的那一刻。自我存在时，感恩不会产生。只有没有了自我——这里的“没有自我”是指消极的自我不复存在时——一个比自己更强大的存在才能够替代自我。比自己更强大的存在替代了自己后，就不能感觉到自己的存在了。感觉不到自己存在时，就会产生出感恩。这难道不神秘吗?

他力的意思是将自己托付给佛陀之后，自我依旧存在，否则就不会心生感恩。宗教有着语言无法表达的内涵，所以有了存在的理由。从智的角度讲就是“不识”，从被动性角度讲是“他力”，从个人的感知角度讲就是“感恩”。如果人们都照基督教所说的“右脸被打了，那就伸出左脸”，世界将会一团糟。小偷、强盗猖狂肆虐，即使把世界变成监狱，也容纳不下这么多的犯人。我认为基督的话语中蕴含着真正的宗教意义。世人如果都做坏事的确让人头疼，但头疼会让我们有所醒悟。真正在禅修方面有造诣的人，会在遵循因果关系的同时令人感受到庄严和清新。社会也会因此形成一种清新的氛围。

假设有一个甲国，那里有完备的法院、健全的法律，不存在一丝疏漏。每个国民都遵纪守法做自己应做的事情，倡导正义又不做任何错事。假设还有一个乙国，到处都是罪犯。他们肆意掠夺他人物品。乙国中有个奇妙的人，当东西被盗后仍能淡然地说："那就给他吧"。如果问你喜欢哪个国家？即使治安不好，我们还是想选有奇妙人的乙国。乙国的价值不会因为有奇妙之人得到提升，但任何事情如果都中规中矩，就会令人感到不自由、不放松。一切都井然有序固然好，但如果有些不按常规出牌的奇妙之人，就如同在我们的前方为我们指出了前进的方向。不会强求我们追随他们，但为我们找到了前进的目标。有了这样的目标，我们的日常生活就会多一份轻松。在超越个人的社会意识中，这种人的存在会为整个社会带来一种清新的氛围。这是很有意思的事情。有人认为宗教无用、宗教无聊、宗教靠不住、宗教无所成，但宗教仅凭"无为"这一点，就可以让我们收获良多。佛教从印度传到中国进而传到了日本，法脉能够传承至今真是难能可贵啊。

第四讲

《楞伽经》大意

——《楞伽经》与禅宗在历史和内容方面的关系

《楞伽经》的大意及版本

◇《楞伽经》的大意

在日本，禅宗没有所依止的经典，知道《楞伽经》的禅僧更是微乎其微，但与禅宗关系最为密切的经典正是《楞伽经》。如各位所知，禅宗平时多诵《般若心经》。《般若心经》是一部很短的经典，禅宗经常念诵，相信大家都熟悉这部不超过三四百字的短经。另一部常诵的是《金刚经》，想必大家也都熟悉。一位叫川老的人，也对经书做过注，禅宗人士大多根据此注讲经。但川老的注是禅宗角度的，不同于普通的注。总之，有川老的注解版本，禅宗常根据它来讲经。所以，在日本提到禅宗，人们就会联想到《金刚经》，提到《金刚经》就会联想到川老的注，这已是常识了。

禅宗还会诵《圆觉经》和《楞严经》，知道这两部经的人也不少。与禅宗相关的经书大致就是这几部。至于《楞伽经》，即使有人听说过，应该也没人念诵了。即使有人念诵，人数也微乎其微。在禅宗的发展历史上，没有哪一部经典像《楞伽经》这样与禅宗有着密切的关系。如果禅宗真要确立所依止的经典，一定是《楞伽经》，也必须是《楞伽经》。令人费解的是，这部经书却被禅宗忽视了。被忽视的原因有很多，不过我认为有必要在此先为不熟悉禅宗的人介绍一下《楞伽经》与禅宗的关系。《楞伽经》是一部晦涩难懂的经书，详细解说会很麻烦。所以，我尽量通俗地对《楞伽经》的大意做一个解说。

“楞伽”是“lank ā”一词的音译，根据印度的发音，汉语译为“楞伽”，日语译为“ryoga”，楞伽的本来发音是“lanka”。在研究层面“lanka”有很多晦涩难懂的学术观点。通俗地说，“lanka”是地名，佛在lanka这个地方说的法，故名《楞伽经》。此外，《法华经》是因佛以莲花比喻开示而得名。有人会顺此推理，认为《金刚经》如金刚般坚硬……这是不对的。学者的解释是：烦恼如金刚般坚硬，《金刚经》是可以钻透烦恼的般若智慧。一般流传于社会上“般若智慧如金刚般坚硬，可以钻破烦恼”的解释并不正确。总之，《金刚经》是根据经典内容得名的。《楞伽经》是佛在楞伽这个地方说的法，所以命名为《楞伽经》。关于楞伽这一地名，仍有很多疑问，如这个地方到底在哪里？近年史学研究兴盛，印度的学者们不断地在研究“lanka”的具体位置。有的认为“lanka”在印度国内，有的认为是指海里的山。暂不去评判这些学说，通常认为，楞伽是指今天的锡兰。不过，这种说法并没有充分的史料支撑，只是一种说法，或许不属实或许真是如此。今天并不是要讨论这个问题。总之，通常我们认为《楞伽经》是佛在今天的锡兰岛上开示的经典，各位这样理解便可。

◇《楞伽经》的版本

在中国，《楞伽经》的传播始于距今一千五百年前，并译为中文，共四卷。原文只有一卷，翻译为四卷并无特殊原因，因为太长，不好卷起，便随意地将经书分为四卷。此部经书的译者是天竺的三藏求那跋陀罗，第二版约一百年后完成，共十卷，又过了两百年后形成了七卷的版本。传承至今的只有这三个译本，最常用的是最早的四卷译本，七卷译本是年代上最新的。

为什么一部经书会有四卷、七卷和十卷的版本呢？就第一卷而言，四卷本的一卷和十卷本的一卷在篇幅上没有太大差异。十卷本之所以比七卷本和四卷本的篇幅长，是由于增加了很多内容。专门研究各类经典的学者，一定对这种情况很感兴趣。不过这与今天的内容无关，在此恕不多述。

从最初的四卷变为十卷，再变为七卷，内容上十卷版本的确比最初的四卷本丰富，不过从另一个角度也说明了十卷本中存在着冗长的部分，才会让篇幅变长。七卷本则是删除了冗长的部分，精简了内容。三个译本中，与禅宗关系最为紧密的属一千五百年前译成的最初的四卷本。四卷本与禅宗的关系要从祖师达摩的开示说起。

达摩的本名是菩提达摩。今天，我们所熟悉的名字是达摩，很多人甚至没听说过菩提达摩。达摩的“摩”有时写作“磨”，二者都是可以的。菩提达摩将最早的四卷译本传给自己的弟子，达摩来中国要晚于求那跋陀罗。当时如果中国有《楞伽经》，一定是四卷的《楞伽经》。

◇◇◇◇◇◇◇◇◇◇◇

这部经书是如何传承的呢？

这部经书是如何传承的呢？达摩的弟子慧可亲受衣钵成为二祖，是达摩在中国传授禅宗最早的弟子之一。达摩还收了其他弟子，但是成为二祖的只有慧可。慧可以“断臂求法”而闻名，大家一定都知道他砍断自己手臂的故事。这个公案甚至被艺术化，我就看过描绘这一场景的画作。从史实角度看，慧可断臂是否如此戏剧化，实在需要深思。传说，达摩在中国的少林寺中闭关时，天降大雪。这时慧可前来拜访达摩，请求他传授给自己从印度带来的最新禅法。但是达摩和尚头也不回，继续坐禅。慧可便在大雪中等待，积雪没过了他的膝盖。即使这样，达摩也未曾回头。慧可掏出随身带的剑——当时的慧可是一位在家的习武之人——砍断了自己左臂，将它献给达摩道：“我是真心求法，并非一时冲动，我可以舍弃自己的性命，以身报佛。为表明决心，特献上左臂。”最终，达摩被慧可打动，向慧可传授正法。我不能肯定公案的真实性，这当然也不能单纯地从历史角度去看。站在雪中、断臂、达摩首次认可慧可，这些不论是否是史实，从宗教层面讲其中都有着超越事实的妙趣。慧可少了一条胳膊是史实，但原因不明。从宗教角度和历史角度观察，因立场不同看法也就各异。总之，慧可少了一条胳膊以及达摩为慧可传法是不争的事实，虽然不排除断臂不是在求法的当时。

达摩向慧可传授《楞伽经》时开示说：“在中国，写有禅宗内容的经典，只有此《楞伽经》，我将此传授与你。你只需依此经明确禅修目标，便可济世度人。”说罢，便将四卷本的《楞伽经》传给了慧可。自此，《楞伽经》从中国禅宗初祖达摩传给了二祖慧可。当时是否有《金刚经》并不重要，也许尚未完成。《般若心经》则更晚，《圆觉经》和《楞严经》的形成也在其后。达摩特选《楞伽经》，说明在当时没有比《楞伽经》更符合禅宗思想的经典。

之后，禅宗一直传承、使用传给慧可的《楞伽经》，直到七卷本出现前，都在研究四卷本。关于这一点，有个有意思的事实——慧可没有为《楞伽经》做注。当时，中国盛行为经典做注，慧可却没有对达摩所传的这部经做注，这十分值得深思。慧可之后，《楞伽经》的研究不断深入，很多人对经书做了注。两百年间注释本陆续问世，仅传承至今的便有十余册。年代最新的，属唐朝僧人法冲的《私记》。法冲不为《楞伽经》做注，认为《楞伽经》不应被注解，做了注的《楞伽经》会怪怪的。据说连这本《私记》也是为弟子所迫才写出的。总之，研究《楞伽经》的人有的做了注，有的没做注，注释本约有十余种。这说明当时的研究还是很兴盛的。

到六祖慧能时，禅宗的焦点从《楞伽经》转至《金刚经》。禅宗从达摩传至慧可，再传三祖僧璨，四祖道信，五祖弘忍，然后六祖慧能。至此，中国禅宗的基础正式确立。五祖弘忍时，即达摩圆寂二百年后中国开始盛行《金刚经》。也可以说是五祖利用了《金刚经》。

近年，中亚出土了很多的经典，其中《金刚经》的写本很多。也有很多中国唐代的经书。经书中，《金刚经》占了多数。由此可见中国人对《金刚经》的偏爱。不能说五祖掀起了《金刚经》的热潮，但至少五祖利用了《金刚经》的盛行。也可以认为是五祖推动了《金刚经》的流行，六祖用《金刚经》代替了《楞伽经》。这是有缘由的。四卷本的《楞伽经》深奥难懂，在今天不仅我们读不懂，连中国的很多大家也读不懂。宋代著名的《赤壁赋》的作者苏东坡，他的序文附在四卷的《楞伽经》中。他认为，《楞伽经》晦涩难懂，所以从五祖到六祖时，用《金刚经》替代了《楞伽经》。换成《金刚经》，是因为《楞伽经》太深奥，读不懂——这“读不懂”中包含了很多。是语言难懂，还是意思难懂？我们读古文时，其中有很多典故，所以我们读不懂。《楞伽经》也是如此。连中国人都看不懂，是因为翻译成汉语时直接使用了梵文的句法，或将梵文的读音音译成了中文。这就难怪连中国人也读不懂了。日本现在也很盛行翻译，但译文版确实很难懂。因为翻译时，将梵文的语法直接搬进了日文。四卷的《楞伽经》译本中，由于将印度的语法生硬地套进中文，所以中国人也看不懂。再加上用词和含义的晦涩，令经书的难度又增加了一层。当然，不理解自然会觉得难懂。我认为译文中不恰当的语法处理，使句子更加复杂，最终导致《金刚经》替代了晦涩难懂的《楞伽经》。《金刚经》比《楞伽经》好懂，文章也短，只有四卷本《楞伽经》的四分之一，所以《金刚经》在中国盛行了起来。文章美不美很重要，文章不美佛经便很难弘通，文章流畅、上口会促进宗教的传播。综上可知，从五祖弘忍至六祖慧能，《金刚经》已广为人知。

六祖慧能出版了《金刚经》并亲自写了序，以此弘扬《金刚经》，这篇序言流传至今。《金刚经》的普及程度虽然超越了《楞伽经》，但《楞伽经》并未销声匿迹。禅宗至今仍在使用，如《楞伽经》中的名句“四十九年一字不说”。其实，四十九年也好五十年也罢，都是一样。只是四十九年的说法更有味道。“四十九年一字不说”会比“五十年一字不说”更上口。《楞伽经》中的用语原封不动地传承至今。

六祖之后有南岳怀让，他有位弟子叫马祖道一。他们在中国弘扬了真正的禅宗。是怀让大成了中国的禅宗。当然这不是一个人能做到的，需要一人、两人或三人的几代相传。从慧能开始至马祖道一大成。马祖曾讲过《楞伽经》，他认为《楞伽经》对于禅宗研究十分重要。可见在《金刚经》替代了《楞伽经》后，六祖的徒弟和徒孙依旧在宣讲《楞伽经》，从未放弃过。五祖的弘忍也是一样，甚至想在禅堂的墙壁上绘出《楞伽经》的变相图。看来，五祖也没有舍弃《楞伽经》，依旧在弘扬这部经典。只是由于《楞伽经》晦涩难懂，普通人很难理解，所以将《金刚经》作为日常弘法的常用经典。

禅宗常说:“离四句,绝百非”。“四句”内涵复杂,这里暂不展开。禅宗认为“四句”包含了世间万物。“离四句,绝百非”中的“百非”不是一百个非,而是一百零八个非句。《楞伽经》就是讲的一百零八个非句。印度人喜欢一百零八这个数字。根据《楞伽经》的记载,如果写作“绝百八非”的话,很不押韵,便写作“绝百非”。禅宗引用《楞伽经》的词语很多。如“扬眉瞬目”就出自《楞伽经》。我们往往通过语言向对方传达自己的内心,而《楞伽经》认为:传心并非只靠语言,扬眉瞬目已足够我们表达思想了。有时,气味也完全可以传心。在香积国中,只要闻香便可饱腹。无需任何语言,举手投足也足以传心。有时,维摩居士的一个沉默,或扬一下眉、或动一下眼,亦足以将心传递给对方。这些内容不仅可以在《楞伽经》中找到,禅宗也仍在传承。这一点可以成为禅宗奉行《楞伽经》的依据。

从另一个角度看禅宗时可以得知,六祖时禅宗因慧能和神秀分成了两派,一派在北方一派在南方。活跃在北方的是神秀,慧能在南方发展。这个说法虽存异议,纵观历史可以得知当时的禅宗分为六祖派和神秀派。慧能派拜慧能为六祖,神秀派认神秀为六祖但不认可慧能。当时的禅宗分为两个派别是不争的史实。由于北神秀、南慧能始终对峙,导致禅修的方式也分成两派。今天,传到日本的曹洞宗偏向神秀的北禅,临济宗则倾向南禅,传承了慧能的体系。神秀派传承《楞伽经》,较之《金刚经》更尊崇《楞伽经》。可见在中国,《楞伽经》主要是在北禅中得到了传承。禅宗有顿悟和渐悟的说法,《楞伽经》认为,禅宗既非渐修也不是顿悟,而必须是顿、渐兼容并蓄的。但是,人的心理倾向自然而然地让我们或倾向

《楞伽经》或倾向《金刚经》。从而形成依止《楞伽经》和《金刚经》的两种心理倾向。

说些题外话，北方的神秀派主要研究《楞伽经》，此派重学问研究。因为若想研究晦涩难懂的《楞伽经》就必须要做学问。但慧能反对做学问。可以认为神秀代表了学者，慧能代表了非学者。慧能排斥做学问但不是没有学问。虽不是神秀那样的学者，但也不是不学无术。简单来说，他虽然不是博士，但也是个大学毕业生，文化程度要高于初中毕业的人。虽比不上如博士的神秀，却也是位有文化和一定佛教学识的人。

一派重视学问，试图弄清晦涩难懂的内容，另一派排斥学问，认为与学问相比，简单明了更重要。回顾中国历史，中庸最难做到。人们总会偏向一方，从而引发争论。我们总是忽略反对意见，自以为是排斥其他。即使认为自己的观点是真理，也要允许其他观点存在。不过，能做到这一点的确很难。北方禅认真研究《楞伽经》，宣扬顿悟的南方禅也未舍弃《楞伽经》。虽未特别强调，但也很有研究。

禅宗传入日本后，日本的禅宗讲解川老所做的注并大加提倡，却没有大力提倡《楞伽经》。有《维摩经》《楞严经》《圆觉经》的讲义，而专讲《楞伽经》的，恕我孤陋寡闻，尚未听说。恐怕是出于太过难懂的原因吧。从历史角度看，如果要讲禅宗所依经典，相比于《金刚经》《圆觉经》《楞严经》或《维摩经》，更应该讲解和提倡《楞伽经》。所以非常需要有一本简单易懂的《楞伽经》讲义，我计划将来编一本。

《楞伽经》为何与禅宗有如此紧密的关系？

◇这是一部怎样的经书？

《楞伽经》为何与禅宗有如此紧密的关系？初祖达摩从印度来到中国后，为何从大量的经书中最先选出了《楞伽经》？因为《楞伽经》中有“自觉圣智”。

这是《楞伽经》的根本。我常说，《楞伽经》从某种意义上讲好似一本杂记。从别人那里听来的、自己感受到的大乘佛教要点，通通记录在《楞伽经》中。它并非一部首尾一贯的经典，有些话题只说了三四行便转到了下一个话题，是由很多相互没有关联的片段构成的。也就是说，没必要非要将它们串联起来，一个问题只用一章或一节来解决也是可以的。就像“有人认为这部经是佛在锡兰岛所说”，也可以理解为“我听到佛是这样宣讲的”。从历史或宗教角度去看待也都无碍。更可以认为《楞伽经》是神秘、宗教地记述了如是我闻。在这些方面听凭大家的喜好。

如果有人拿出四卷的《楞伽经》问你这是一部怎样的经典时，你可以回答：这部经典并非首尾一贯，而是以教理的主旨为中心，将各类内容集大成。这是我对这部经书的看法。如果认为这部经典从头到尾结构清晰、前后呼应，会有些牵强。所以看作是集大成之作就好。

◇“自觉圣智”是《楞伽经》的生命

“自觉圣智”是什么意思呢？禅宗以“自觉圣智”为修行的核心，意为自觉并实证。智慧存在于自心，自己要进入到智慧的境界中，这就是《楞伽经》的主张。《金刚经》中没有“自觉圣智”，但有“证阿耨多罗三藐三菩提”或是“发菩提心”的说法。只是没有使用“自觉圣智”这种特殊的词语。《楞伽经》中不仅出现了“证阿耨多罗三藐三菩提”，也多次出现了“自觉圣智”。应当看到，一个新词出现的背后，必然有一份自觉。在迄今使用的“阿耨多罗三藐三菩提”之外，必须使用“自觉圣智”，其中一定是有了一个全新的自觉。一定是与使用“阿耨多罗三藐三菩提”相比，新词汇“自觉圣智”更有效果，所以才特意使用的。

证菩提心也好，自觉圣智也好，同样一个意思却打破传统启用新词汇，说明有新的意识在起作用，说明察觉到了迄今没有察觉到的新问题。这意味着我们的经验更加丰富了。修行的根本，就是去感受迄今未曾感受过的新境界，从而丰富我们的经验。比如这里有一串佛珠，我们自认为对这串佛珠已经无所不知了，但当后来的人们看到这串佛珠时，仍会从中发现迄今未曾察觉到的内容。人类的智慧就是这样逐渐丰富起来的。苹果是红的、圆的，有果皮，里面还有种子，这些基本涵盖了对苹果的一般性认知，但当画家看到苹果时，一定会有特别的新发现。科学家、植物学家看苹果时也会从各自的独特立场，在不同的方面获得新发现。由于我们不具备这些专业眼光，仅从某一方面去看问题，并且自认为看到了事物的全部。

如橡胶近来被广泛地应用于各个领域。以前没有橡胶，最近才被“发现”并被广泛使用。橡胶一直都有，并不是新发明，只是我们不知道而已。但从各个领域的实际应用来看，橡胶还是个新事物。因此，“发现”一词在这里可以等同创造。一直存在的物质，当在用途、作用方面有了创新时就是新的再创造。这说明，已知的物质还可以再创造出新的物质。被认为是最高的智慧，实际上并未到尽头，仍有创新的空间。菩提是我们已知的概念，如果再提出“自觉圣智”，就说明以往的认知并不完全，其中一定还会有新的概念产生。以这种新的角度整理出的佛教经验，便是《楞伽经》。所以，达摩选取了《楞伽经》这部经典传给弟子。有人认为，世界上已没有新事物了，更没有值得创造的新事物了。但近年来有人却想要创造人的生命。试图通过各种科学手段收集原子，制作出化学生物的人类，不知道是否能够成功。

迄今为止，生命都是由生命孕育而来，是从旧事物中产生出新事物，从未有过从新物质中制造出新的生命。新事物都是从旧事物中产生，说明根本不存在真正的新事物。当迄今没有的事物诞生或发现了迄今未曾察觉的事物时，这一事物就不再是旧事物，而应视为新事物。虽然延续了旧事物的体系，但一旦从中发现了以往不曾发现的事物，即便有旧事物的基因，也应该认为是全新的发现。因此，万物是旧事物的同时也是新事物。

中国的儒教和佛教认为“苟日新，日日新”，不存在什么旧事物。万物随时在更新，每一刻都在创造新事物，我们在不停地创造着新事物。神创造了天地，初创的天地如果存留至今，就太古老了。其实，我们每个人都是神，在这片古老的天地间不断地创造着新事物，我们才是天地的真正创造者。我们的举手投足间，都具有创造新事物的意义。如此想来，意识到“自觉圣智”，就等于创造出了新事物，万物和时间会因此变得更加丰富。“自觉圣智”是《楞伽经》的生命。达摩发现了这一点才断言“自觉圣智”是禅的核心。看来，《楞伽经》比《金刚经》更符合禅宗的思想。与其用《般若心经》《维摩经》《圆觉经》《华严经》或《法华经》作为禅宗的依止经典，更应重视以达摩所关注的在“自觉圣智”基础上形成的《楞伽经》，将其作为禅宗的代表经典去诵读。

对“自觉圣智”是《楞伽经》中心思想的观点并非没有异议。《楞伽经》中有关于阿赖耶识的内容，因解释起来过于复杂，在此恕不赘述。阿赖耶识又被称为“如来藏”，阿赖耶识是心理学范畴的语言，如来藏是宗教的心脏。通俗地说，就是心的实体。有一种观点认为：《楞伽经》是在开示如来藏和阿赖耶识，由此产生出“自觉圣智”。禅宗认为这是第二意的。要注意关注“自觉圣智”。

从心理学角度研究《楞伽经》的人认为：经中具有阿赖耶识和如来藏两种宗教意识，是哲学范畴很重要的思想。从禅宗、禅学角度看《楞伽经》，达摩选择《楞伽经》传给弟子，并非因为有如来藏和阿赖耶识，而是源于“自觉圣智”的存在。这是我个人的理解。

“自觉圣智”是什么意思呢？是指自行体验。不通过别人教授，而是自己亲自去体验，禅宗的核心便是自己去感受。所以《楞伽经》将“自觉圣智”作为根本。禅宗的下手处是重视体验不重视理论。哲学、心理学家们认为，如果只重视实践，不重视理论，那么

《楞伽经》则可有可无，依止其他经典也可以。事实绝非如此，禅宗一定要依止《楞伽经》。达摩选择《楞伽经》传授的理由，就是因为里面有“自觉圣智”。

◇《楞伽经》有哲学成分，但重点是“悟”和“体验”

禅宗在读《楞伽经》的同时，还应读《起信论》。《起信论》是一本很薄的书，只有四卷本《楞伽经》的五分之一，而且内容十分究竟彻底。如果真正吃透了《起信论》，就可以对佛教有一个基本的理解。一部《起信论》，足可让学佛的人领会大乘佛教的概要。注释《起信论》的书很多，可参照着去读，一般人都可以看得懂。

《起信论》中同样有如来藏和阿赖耶识，可见《起信论》和《楞伽经》之间确有相当的关联。可能是同时期问世，也可能是相继问世。总之关系甚密。二者问世的顺序应是《楞伽经》在先，《起信论》随后。《楞伽经》的文章结构混乱，《起信论》则条理清晰，逻辑性强，如同今天的哲学书籍。《楞伽经》则显得混沌、模糊。当代也是一样，古代的动物和现在的动物，有着很大的差异。如老虎和狮子演变成了时代的面孔，大象和鳄鱼则少了几分现代感。让人感到有些混沌。由于《起信论》比《楞伽经》更具近代色彩，可以确定其问世一定晚于《楞伽经》。

在禅宗中被广泛阅读的《起信论》，有着明显的哲学表达方式。《楞伽经》则一味地注重阐述“自觉圣智”。在七卷和十卷本中有这样一个故事：佛在龙宫说法后浮出海面时看到了对面的楞伽山。佛说道："我在做以前的佛所做过的事"。这是在向我们开示"自觉圣智"的境界，"以前是这样，现在也是这样"，佛说罢，微微一笑。这便是"日日新"。说明我们一直在不断地创造着新事物。从另一个角度看，这也是在复古。一面是创造，一面是复古。说它新便悉数皆新，说它旧又悉数皆旧，没有什么新事物产生。

楞伽岛上有很多夜叉和罗刹。其中有位名叫罗婆那的大将，他一直有吃人的习惯，如今的他已虔诚皈依佛门。他见佛从龙宫出来，便说："请允许我邀请您来我这里说法。我不是第一次听佛陀说法，我要像听前世佛说法一样，今生也要请今世佛开示'自觉圣智'。"随后，佛陀应邀来到楞伽岛。当佛陀正要说法时，本应一个人的佛陀四处现身，恍如满目青山，前后左右，眼目所及之处都可以看到佛。不仅如此，同时到处都可以看到自己站在佛前的情形，包括自己所在的楞伽山。宫殿也是无处不在、无处不有。当罗婆那感到这一切甚是不可思议时，所有的一切又都在瞬间消失了，一切又恢复到了本来的状态。其实，这不是不可思议，而是自心作用的表现。自心可以创造一切，这就是唯心的作用。万物皆是唯心所造，或称唯心所见。《楞伽经》中有很多这样的记载。如果问"自觉圣智"是让人自觉到什么呢？回答是：自觉到可以将世间万物都容纳在自己的心中。换言之，就是"自觉到万物皆是唯心所造"。罗婆那的这个故事在四卷本《楞伽经》中没有记载，但在七卷本和十卷本中可以找到。七卷、十卷本篇幅比四卷本长的原因，就是增加了这些内容。归纳起来，《楞伽经》是说"自觉圣智"的经典，《楞伽经》告诉我们："自觉圣智"是唯心所造，即所谓的唯心论。

如果说阿赖耶识、如来藏都是佛心的显现，是自我之心的显现，那么万物皆是阿赖耶识。佛的所造所见皆为如来藏，自己也包含在其中。在哲学家看来，达摩向慧可传法并不是为了创立唯心论。这一点经中也有记载，但并不是主题。《楞伽经》主要讲的是“自觉圣智”，其中虽也含有哲学成分，但主要说的不是宗教的和理论性的问题，重点是要去关注“悟”和“体验”。

第五讲
神秘主义的禅

达摩来中国后传播的禅到底是什么？

达摩——菩提达摩——来到中国后，传播了禅。这意味着什么？如果不理解这一点，也就无法理解中国禅的特殊性。接下来我想谈一下这个问题。今年正值达摩来华一千四百年，本月五号在京都举行了盛大的纪念活动[①]。人们普遍认为：禅是在一千四百年前达摩来到中国后开始传播的。禅宗认为，达摩是将禅带入中国的第一人。

① 译者注：到目前为止，虽然达摩来华的具体时间不详，但已能基本确定在南北朝初期。本书根据 1926—1927 年铃木先生的演讲稿整理而成，所以“今年”“本月”应在此间。

在达摩之前中国真的没有禅吗？答案是否定的。中国很早以前就有了禅。禅附属在佛教身上，提到佛教就不得不说禅。因此，佛教传入中国时，禅宗也随之进入了中国。佛教传入时，禅宗没有同时传入是不可能的。所以说，达摩来到中国时，佛教早已经传入了中国。如果佛教的初传是在东汉明帝时期（1 世纪中叶），达摩则是在梁武帝时来到了中国。在这几百年的岁月间，只是佛教在中国弘扬，而禅却没有传播是讲不通的。所以有必要思考“达摩来中国后传播的禅到底是什么”。解决了这个问题，就解决了“从中国传到日本——历史上和今天仍在日本传播——的禅到底是什么”的问题了。

任何事物无时无刻不在变化，不会一成不变而是会千变万化。刚刚发芽时，樱和梅看不出有太大的差异。伴随着生长，它们会长成樱花树、梅花树。纵观它们成长的轨迹就会发现，发芽时形态很相似，相似之中又存在着差异。长成后的形态又完全不同，所以，萌芽时的形态也不可能完全一样。我们要在发芽时就能够看到它们成长趋势的特殊性。梅、桃、杏是同一类树，形态比较相似，但总是会有些许差异的。如果将它们与松树或杉树的嫩芽相比，中间的差异会一目了然。

我们在观察事物时不能放过任何一个微小的差异。遗传不会随着生长而消失，它会在成长的全过程中始终展现着它的面容。那么，达摩禅的特色表现在哪里呢？达摩时代的很多历史都传承至今，查阅当时的文献就会发现：在达摩以前，“禅”这个字已被广泛使用，并且多位高僧曾经传播过禅，只是和达摩所开示的禅之间存在着一定的差异。从历史角度看，达摩受到了严重的迫害。宗教主张无我，要去除我执不可害人。这在原始抽象的宗教中是没有的，随着人加入到抽象宗教中，在原有条件上又增加了新的条件，从而产生出了各种弊端，即产生了“宗我”。

宗教中一旦来了外人，必受迫害。这样的做法虽然不对，但古今中外无一例外，这一点令人无限感慨。我们正在努力不去重蹈覆辙。达摩的迫害程度虽不明了，但对他下毒之类的事，书中还是有所记载的。什么人对他下了毒呢？是憎恨他的宗教界的人士。达摩为什么会受到如此迫害？对达摩的仇恨为什么大到要对他投毒的程度？恐怕是因为达摩提倡的和以往的佛教思想不同吧，否则不会遭此厄运。

禅始终存在于佛教之中，如果当时禅已经在中国传播，那么达摩带来的禅则与以往的禅在原则问题上有着差异。无论是在传统之上创造出新的禅，还是回归传统禅的本位，达摩的禅必须具有不同于以往的内容。需要补充说明的是，这里所讲的“新”，是指完全不同于以往的意思。或者是传统的事物失去了本具的特殊性，只剩下一个形式、一副残骸。毁坏掉残骸，重回初心也是一种创新。其实，根本就没有什么新事物。要么重回本源，要么是改正所犯的错误和完善不足，使之成为新的事物。达摩的禅，正是因为被认为是新的、不同于以往的，所以受到了迫害。当时所谓的传统禅宗所走的道路并不正确，达摩为使禅重回正道，展示出了新的思想。我还有其他的证据，但说下去就该跑题了，留待其他机会。我所说的证据，主要是达摩禅的大眼目，即佛在灵山所演、菩提树下所悟的正觉。从这个意义看，达摩并未创造新禅，而是用全新的思想将沦为形式的禅扳回正轨。简单说到这里，下面重回正题。

◇达摩禅正确传达了佛陀的正觉

在中国，初期的禅是达摩带来的，达摩禅正确地传达了佛陀的正觉。

达摩之前的中国禅，无法让人得到正悟，只是让人能够静心坐禅、入定。只是在形式上和今天禅宗的坐禅相同，结跏趺坐、内心集中。而达摩禅是希望在修行过程中有一个“眼”，这是与过去的禅所不同的。佛教兴起于印度，又从印度传入中国。布道不仅仅是一个人独自宣讲、传播。必须要有人这一受众。这样才能将佛法放入受众这一容器中。神若想将自己的思想传递给人类，也同样要借助某个人去实现。神的思想被某个人宣讲出来后，又必将被这个人的条件所限制，这是没有办法的。所谓“被某个人的条件所限制”，是指受这个人的出生地、生活的时代、他的祖先、遗传和所受的教育所支配，神秘的思想无法直接传授，需要借助某些事物。否则，神秘思想将无法显现，更无法传授给他人。所以，神秘因为传播人被附加了很多条件。这是自古以来的规矩，别无他法。

达摩从印度来到中国。印度又被称为“南天竺”，达摩是从南方进入中国的。来中国的印度高僧多是绕道北方进入。从中国开始的圣地参访也大多走北方，从南方来的很少。达摩是从面向南印度洋的地方出发，越洋进入中国。大概是从今天的中国的广东附近登陆，然后一路向北来到嵩山。嵩山有着备受关注的寺院和本山，古刹存留至今，供奉着达摩祖师的殿堂。从照片上看已是残垣颓壁，屋檐上滋生的野草向下垂挂着，一幅颓败的样子。达摩来自印度，是印度人。所以，达摩禅是印度的禅，这是无可置疑的。今天的禅是在中国和日本历经本土化和几百年的岁月才形成的。所以，禅是十分鲜明的。从印度直接传来的达摩禅，肯定带有明显的印度特色，这就意味着其是一种极为抽象的禅。中国禅，即当代的禅是不离世间法的。

印度禅运用哲学的语言方式表达，不像中国禅体现在日常生活的许多细节当中。例如，慧可向达摩求安心时对达摩说，我潜心研究佛教却无法得到安心，请给我安心吧。于是有了下面一段对话：

慧可曰："我心未宁。"

达摩答曰："将心来，与汝安。"

慧可曰："心可求，不可得。"

达摩曰："汝已安矣。"

随着禅宗的发展，问答方式有了很大变化。举一个例子：

有僧问赵州："如何是诸佛师。"

赵州答："阿弥陀佛。"

（禅僧将此"阿弥陀佛"理解为一般所说的阿弥陀佛或当今中国僧侣间互道寒暄时的问候语，相当于"早上好"，"Wie

geht's Ihnen？”或“How do you do？”。按照这种理解，日常用语直接变成了诸佛之师。）

上述表现方式与以往的“心可求，不可得”相比，字面就有很大差异，变化是如此之大。唐宋时的禅和达摩时的禅，在内涵上有很大差异，这种差异的产生始于慧能时期。中国禅，若以达摩为初祖，顺序应是：

达摩——慧可——僧璨——弘忍——慧能。

◇中国本土化的禅开始兴盛

从慧能起，中国化的禅便盛行开来。这说明，外来文化不经过一定的岁月，便无法在新的土地上生根。植物也是一样，高山植物移种到平原后，没有几年的时间，根本无法在当地生存。同时，植物的外形也会随之发生变化。最近，荷兰进口的郁金香在日本很知名，但只是进口后的第一年能开出美丽的花朵，到第二年就开得不那么绚烂了。日本出口欧洲的牵牛花，当年开的很美，第二年开出的花明显变小、萎缩。植物也是这样变化的。一种植物本土化即完全成为当地的植物，至少需要两三年。我听说，在日本作为行道树的梧桐树，原来是生长在热带地区的，所以不适合日本，只有经过多年的本土化后才能种植。精神世界不同于植物，三五年根本不可能本土化，至少要一二百年才能扎根。佛教传入日本，直到镰仓时代才成为真正的日本佛教。禅传入中国，至少也需要二三百年的时间才能完成本土化。达摩将印度禅带到了中国，六祖逐渐完成了本土化，期间经历了二百多年的岁月。到六祖的时代，禅中依旧留有印度元素，尚未彻底本土化。

以前我曾讲过，六祖潜心研究《金刚经》，凭借《金刚经》开了悟。六祖与《金刚经》有过这样一段因缘。六祖大师生活在中国南方，是广东人。中国大陆有两条大河，长江和黄河。黄河因为卷入了山中的土，所以水流浑浊，故名黄河。中国人在形容事情很难解决时，常用“河清难俟”一词。黄河和长江之间的区域是中原，是当时的文化中心。六祖并非中原人，他出生于南方的广东地区，这个地区在当时被认为是野蛮人的居住地。六祖是个大孝子，他的父母很贫穷，他靠卖柴养活母亲。父亲在六祖年幼时就去世了，母亲一个人将他养大。一天，他在集市卖柴时，一位客人买了他的柴。当时，他听到这位客人诵读的经典。闻听这一经典后，他从中感悟到了什么。当时他没有真正开悟，真正的开悟是在来到五祖的道场之后。这些问题我查阅了资料，书中的记载也不是很清楚。总之，六祖听客人诵读《金刚经》时，有了一定的感悟，便询问对方在哪里可以学习《金刚经》。客人回答说：“北方黄梅山弘忍和尚处。”于是，六祖便起身去弘忍和尚门下修行。六祖的修行内容就是转臼捣米。日本的捣米，在中国称为推磨，就是推着石磨转圈。开始是人推磨，而后来则是用牛或马来拉磨。书中记载，六祖在自己的腰上挂上石头增加重量后再去推磨。不知道事实是否如此，但他肯定经历了艰苦的修行。时间没过多久，他就在捣米过程中顿悟到了什么。长话短说，最后五祖认可了六祖的修行。五祖对他说："你已完成了禅宗的修行，我认可你。你现在就去南方暂时隐居，一直隐居到时机成熟，机缘成熟时你方能出来弘宣大法。"于是，六祖告别五祖，在深山中隐居了多年，直到他认为机缘成熟，方才复出。他复出后的第一个问答，人们一般都认为是"风幡心动"。六祖来到广东的一个集市，在一个寺院里，和尚正在讲《涅槃经》，这是佛教经典中极为重要的一部。寺院中常常会立幡，日本曹洞宗的寺院中都立着幡。僧人们看到风吹幡动，便议论说："是幡在动，还是风在动？"禅宗常说的还有"是钟在响？"还是"钟锤在响？"当时辩论得很是激烈。这时，六祖站出来说道："既不是幡在动，也不是风在动，是你的心在动"。这就是"风幡心动"的典故。寺中正准备讲《涅槃经》的和尚听到六祖的这番话后，觉得这绝不是一般人所言，一定是有修行的人才能有如此的见地，随即款待了他。一问才知是在五祖门下修行的慧能。"风幡心动"的故事中虽然有印度禅的痕迹，但基本上已经中国本土化了。

事情的时间顺序有点搞反了，还有一个应该提前交代的背景。六祖离开五祖道场时，五祖特意送六祖出了寺院并在河边为六祖雇了船，悄悄地放走了六祖。这让人感到其中一定有着特殊的历史意义，但这不是我今天要讲的，姑且略之。

不久，其他弟子得知五祖将衣钵传给了六祖，六祖将传承五祖心法并得到了达摩传下来的袈裟，弟子们很不服气便四处搜寻六祖的踪迹，要夺回袈裟。其中，一位名叫明上座的僧人一马当先，不知是为夺回袈裟，还是有其他目的，总之追上了六祖。六祖知道逃不掉了，无奈之下，将袈裟（另一种说法是衣钵）放下。虽经反复核查资料，仍无法确定到底是袈裟还是衣钵。禅宗的和尚不执着小节，对某一个问题寻根索源后，即使发现有可疑的部分，也会满不在乎地包容、接受。袈裟也好，衣钵也罢，放在面前的一块石头上，自己躲进草丛中。随后明上座追赶上来，动手去拿袈裟或衣钵。仔细想来，这段情节有些戏剧化。六祖是如何得知有人追赶自己的？他为什么要将袈裟或衣钵放在石头上，然后藏到草丛中？如果这一情节是戏剧的话，一定很有意思。但在现实中是如何做到的？还是令人心生疑窦。预知到后面有人快追上自己了，于是放下袈裟藏身于草丛中，这种事情不太可能发生于现实生活中。

书中记载：明上座知道这袈裟是传法专用的（如果是钵，他也知道这是五祖传给六祖的钵），当他伸手去拿时却怎么也拿不动。这一现象虽不可思议，但想一想的确有拿不起来的理由，因为无论从哪个角度讲都没有理由让他拿起来。因为这是我们后人所设计的情节。因拿不动而无奈的明上座只得说："非来求祖衣，只为求正法。"其实，如果不想要袈裟只想要求法，就不应伸手去拿袈裟。这段情节极具戏剧化。六祖听到此言，无奈只好现身说道："此衣表信，不可力争。"六祖是在告诉明上座，用相对的力量是拿不动的，必须用信方能拿起。这里的"信"是指什么呢？

有这样一个传说：一位僧人从印度带来了《华严经》，为避免被人偷走，一路上经书须臾不离身。就是睡觉也把经书放在自己枕头下面。一天晚上，僧人在梦中听到了佛的开示：“你不必如此保护经书，晚上就把它放在架子上吧。”僧人便依教奉行。一天夜里，房间里来了贼，想偷走这部经书却怎么也拿不动。盗贼因此忏悔，弃恶从善皈依了佛门。西方也有类似的神话。一次北欧的诸神聚会，大家为争当最伟大的神斗起了法。这时，最强之神的索尔站出来说：“既然你们号称什么都能做到，这里有一杯水，看你们谁能把它喝光。”诸神都不以为然地喝了起来，水杯里的水无论怎么喝也喝不完。大家问其原因，索尔解释道，此水出自天地根源，无穷无尽永不枯竭。

同样，慧能的袈裟并非只是肉眼看到的衣服，是从天地根本中产生出来的。如果要拿起这件袈裟，就要有翻天覆地的力量。所以这件袈裟是普通人的力量所无法拿起的。这不能诉诸筋骨之力，而必须仰仗信仰的力量；不是仰仗相对的凡人之力，而要依靠来自绝对中的真实。否则，是不可能拿得起这件袈裟的。这就是六祖禅的对治方法。

六祖此时对明上座道：“如果你不是为了袈裟，是为求法而来，那究竟什么是法呢？如果你想知道，就回答我的问题。”接着道出了著名的“不思善，不思恶，正与么时，那个是明上座本来面目？”关于这个问题，今后还会有机会将我的想法写成文字，在此不多讲述。

我们的想法基本上可以大致分为善恶两种。如果与此二者绝缘，即不执着二者的相对性时，明上座的本来面目便会鲜活显现，六祖的宗旨便是去捕捉这一鲜活的面目。明上座闻听此开示后，便开了悟。书中是这样记载的，至于事情是否如此顺利，还要看他们各自的因缘。如果明上座因此开眼，说明他的修行达到了一定的境界。这里出现的“本来面目”，在今天仍是禅宗公案，“本来面目”一词就是从那时开始使用的。“本来面目”是六祖创造的新机轴、新思考。自此出现了一个不同于传统禅的新课题。到了六祖时代，在禅的修行和思考上出现了从未有过的本质上的变化。本来面目、祖衣表信、勿以力争耶、风幡心动等对禅的体悟和思考是六祖以前所没有的，六祖改变了传统的手法。可以说，到六祖时代，禅修的方式有了转变。禅开始贴近和亲近人们的日常生活，中国禅的这一特性是从六祖开始的。从此禅脱离了经文、脱离了学问，有了另一种生涯即禅本身的生涯，生涯就是我们的日常生活。

前面介绍过，六祖没有怎么做过学问。曾靠卖柴为生的他，按说应该没什么学问。但这不是事实，很多卖柴的也是很有学问的。六祖的子孙们说六祖没有学问，是因为六祖的对手是神秀。神秀是学者并接了五祖的法。六祖法脉的人认为：神秀没有接五祖的法。从公正的角度讲，接了五祖法的不仅有六祖慧能，神秀同样也接了五祖的法。这才是正确而又不失偏颇的见解。六祖法脉的人们为对抗神秀，不知为什么拼命标榜六祖没学问。他们想以神秀有学问而六祖无学问来抬高六祖。他们想证明：禅宗不是学问，不能用学问和知识去抽象地学禅。没有学问同样可以修禅开悟，甚至认为没有学问最好。实际上，识不识字并不重要。六祖一步步地削弱传统的经典禅，提倡禅要与日常生活紧密相连。如果因此排斥做学问，反而是个不错的做法。在佛教中“事”的意思是：有差别，日常生活中“事”的意思是：事实。这是两者间的差异，但说到底两者是相同的。六祖的禅立足于事实的基础之上。日常的体验和事实，不是来自文字、经典、哲学的思索等学问性的知识，而是生命自身的流露。我认为，捕捉到这一点的正是源自六祖的中国禅。六祖找到了线索，中国禅顺着这一线索发展了起来。

飞机也是如此，美国的莱特首先想到并造出了机翼，用马达的动力来实现飞行。在此基础上，加上许多机械的发明形成了今天的飞机。任何事物只要有了开端，就会迅速发展壮大。发现开端的人是很了不起的。哪怕是微不足道的小事，只要着手去做，道路会越走越宽，时间久了就会取得长足的进步。六祖禅，就是通过这样的方式去发现、去实践的。所以在中国，禅获得了长足的进步和快速的发展，从而才有了今天的盛况。六祖时期的禅仍旧多少残留着印度元素，真正的本土化始于其后出现的青原行思和南岳怀让二人，他们有力地推动了禅宗的发展。当时还涌现出了很多禅师，但是，只有这两个人的法脉一直传承至今。南岳怀让门下出了马祖道一，从他开始，禅的发展走上了快速路。禅在六祖时发生了转变，至马祖道一又发生了一次转变。我们从事禅的研究时，必须要列举很多人名并展开深入的论述，但今天这个场合不需要。

日本禅与中国禅有什么不同？

正如南岳门下出了马祖道一，青原行思门下也出了石头希迁。

他们两位主要活跃在江西、湖南一带。至此，中国禅正式确立了。日本曹洞宗的禅，继承了青原行思的弟子石头希迁的法脉，临济宗继承的是南岳怀让门下马祖道一的法脉，这两个派系一直传承至今。但日本的曹洞宗和临济宗与中国的两派略有不同。不同之处，简述如下。

日本的曹洞宗是在镰仓时代——临济宗也是镰仓时代——由道元禅师为首创建的。临济宗曾拥有二十四个流派，是很有传统的。但能够传承至今的只有京都妙心寺开山祖师——关山国师创建的妙心寺派。从历史角度看两宗各具特色。曹洞宗只有一个流派，临济宗则有二十四个流派，但传承至今的也只有一个。如果宗派是以某个人的想法和思想为中心的话，那就变成了道元宗。道元就会变得难能可贵。大家都会去尊崇道元，曹洞宗就会有集中于道元禅师人格上的倾向。曹洞宗就会变成了道元宗。临济宗虽有关山国师，却没有被抬得那么高。作为妙心寺的开山，他受到了大家的尊敬。但在其他方面，关山禅师没有道元禅师在曹洞宗中那样高的待遇。道元禅师著述颇丰，《正法眼藏》便是其一。虽不能确定这本书是道元禅师亲自操刀还是弟子做的记录，总之是一本大部头。为研究这部著作，曹洞宗的僧侣要花费一生的时间苦读。临济宗中没有这样的著述，自然将焦点集中在法上，而不注重人或著作。这是两个宗派间显而易见的区别，深入研究后会发现另一个区别。即在中国出现的事，进入日本后会更加严重。如曹洞宗不立公案，甚至有否定公案的倾向。道元禅师在中国曾追随的如净禅师也否定公案。反之，临济宗传入日本后则益发重视公案。这就形成了临济宗的看话禅和曹洞宗的默照禅。

默照就是一言不发，只管打坐。而在日本，从白隐和尚开始到今天，临济宗的看话禅已成为了一个巨大的体系。说实话，如果有机会很想就公案写一些东西。简单地说，公案就是不把道理当作道理讲，在事上做功夫。我认为就是六祖的精神传来后，成为公案。公案就是将一件事，即每一件事的“理”弄得很究竟、很明白。不通过事物就不会明白事物。如果弄通了、看破了，就是公案。临济宗就是这样看待公案的。“公案”一词的出处，自古以来有很多种说法。有人认为：“公案”二字源于官府的案牍。这个观点我也不知道正确与否。总之，公案可以说是：通过事，表现理。

这个话题再说下去会没完没了，就此打住。

◇◇◇◇◇◇◇◇◇◇◇

从禅宗“十牛图”得到的启发

最后，我想就禅宗的“十牛图”，再画蛇添足，说上几句。

“十牛图”的第一图是寻牛。在印度，人们对牛很尊重。今天在日本，人们会杀牛食用，过去的日本人是不杀牛吃肉的。现在很多老人不吃牛肉，这是否是受了印度的影响呢？印度人不杀牛食肉，却喝牛奶、吃奶酪、喝醍醐。醍醐用牛奶精制而成，是相当不错的奶制品。总之，印度人对牛非常爱惜。而穆斯林则不然，会屠宰食用。所以，印度教与伊斯兰教经常发生纠纷。印度人十分在乎牛，所以经典中关于牛的内容很多。印度人将寻牛、找牛比喻为修行的第一步。这里说的“寻找”是各种错误产生的根本，许多麻烦也会因此接踵而至。因为所寻找的是自以为丢失了、而实际上并没有丢失的东西。当我们在寻找什么东西时，那件东西其实就在眼前，但要想真正找到它还是要下一番工夫的。

第二图是见迹。就是发现了牛的足迹。这是指我们自身所拥有、并没有刻意隐藏起来的、就在那里的自性。

第三图是见牛，即找到了牛。自性并未刻意隐藏，是实际存在。没什么不可思议的。因为存在才能够找到它，若不存在，想找也找不到。

第四图是得牛。按理说，只要找到它就可以了。但没有人满足于只是找到，总想把它搞到手，变成属于自己的东西。达到这个目的的方法只有一个，根据自己的情况努力修行。除此之外，别无他法。

伴随着修行的深入，便到了牧牛的阶段。这时，双方都很适应、熟悉。即使人为地分开时，对方也会自然而然地跟随自己而来。

人类修行的必要，就来自这里。接着是骑牛归家。这幅图所表现的是一种自由自在的状态。

再下来是忘牛存人。即“鞍上无人，鞍下无马”的忘我状态，即进入了无我的境界，是三昧的状态。这里可以找到纯粹的自我。颂的文辞也相当有意思。

往下是人牛俱忘。只是忘记牛还不够究竟，必须要达到人牛全忘的境界。

再进一步转变后会达到返本还源的境界。

最后是入廛垂手，“十牛图”到此结束。没有入廛垂手，禅宗就不是宗教。躲进深山像罗汉那样静坐苦修，对当事人可能是好事，但只能解脱某一个人。看看世界、特别是今天的世界就会发现，我们的世界中存在着太多的不公平和烦恼。在每天的生活中，受到当权者压迫的事情不胜枚举。这些当权者们在行使被赋予的权力时，本应站在公平的立场为国家、为社会行使他们的权力。但在现实中，当权者为了一己私欲去压迫团体的整体利益，会乱用被赋予的权力。无视选民的幸福是当权者常有的事。因为权力被乱用，不知有多少人不明不白地受到了压迫的痛苦。这在政治生活中是屡见不鲜的。

不仅在政治上，在财富分配上也是一样。伴随着机械工业文明的发达，一些人积累了财富，另一部分人则成了穷困潦倒的劳工。于是，贫穷的人组成团体反抗富人。资本家与工人之间发生纠纷，劳资纠纷成为近代社会生活的特征。谁对谁错，双方各执一词，我虽不懂其中的善恶，但心中有时暗暗在想，争议的根源是双方都想要压迫对方。说明双方心中都有着“我”的存在。我不知道人们为此生出了多大的烦恼，但深知大家都在为此饱受折磨。

自利终要变为利他，这一点是佛教的关键所在。佛教徒的世界，就是要走进贫富差别的现实、走入人群之中，去践行真正度化众生的事业。这不意味着仅仅是给那些因贫穷而吃不上饭的穷人去送钱，或是给失业的人工作，而是要在整个社会组织的层面上，创造出比现在更好的社会。无论你、我都必须不能仅仅利己，还要利他。无论是在经济上还是在政治上，都要形成自利利他的风气。有钱人发挥钱的优势，政治家发挥行使权力的优势，拥有优势资源的人们，一定要进一步加深对宗教的认识和理解。必须认识到这些被赋予的政治权力和经济实力绝不能为一己所用，必须用来为他人、为社会谋求幸福。希望任何人都不要将社会所赋予的财富和权力为己所用。当权者们每天都要提醒自己不要犯以权谋私的错误。有学问也好，有钱也罢，这些资源都不应当是个人独享的，而应当用来为他人谋利益。我们不能只是闲坐在这里，而是要走出去工作。我想在此强调，无论是政客、富人还是劳动人民，都要通过宗教认识到：我们不能只为自己，要为他人去工作。宗教不是只让自己心安。不能让所有大众得到心安，就不是真正的菩萨行。当我们认识到这一点时，就要走出家门为社会做些贡献。这一点请大家一定牢记在心。

“十牛图”为我们详尽地图解了人类思想发展和人格圆满的问题。比起用语言表达，图解更通俗易懂。这个话题细讲起来会没完没了，今天就到此结束。

解说

记得我年轻的时候，经常利用留学的空暇去著名的波士顿美术馆学习日本的浮世绘。三十年前，日本文化走出国门的途径很少，只能在外国的博物馆或美术馆里看到日本的文化艺术品。当时，来哈佛大学讲授日本画卷的矢代幸雄先生说过："我在欧洲的博物馆参观时，看到有一家博物馆在展出三味线[①]，展出的场所竟然是博物馆的原始文化展厅。"

那时，日本文化在海外，不是在美术馆里就是在个人宅邸的装饰柜中。与那时相比，战后的日本文化传播，不仅数量上激增，其作用也发生了变化。正在展现出融入欧美人生活的趋势。日本文化正在多多少少地丰富着欧美人的日常生活和文化。日本的建筑、服装纹样的构图、插花等，具有日本风格的文化作品正在被欧美人接受。这与三十年前相比，可谓变化巨大。

禅修热带来了今天禅在欧美地区的流行。也源于上述原因，欧美的各个阶层都对禅产生了浓厚的兴趣。这一现象不是产生于非常专业

---

① 译者注：日本的一种乐器。

的 Sinology（中国学者）或 Japanologist（日本学者）们对古文书钻研的小众，而是有着更为广泛的社会基础。关心人生哲学的人们，对这种解决人生问题的东方方式开始产生出无限的兴趣。

禅，被认为是鲜活的文化课题。禅的思想，在海外被大肆滥用。甚至渗入到了美国“beatnik”（即“太阳族”）的年轻人中。这一现象展示出另一层面的含义。至少可以证明，禅已经融入了现代人的生活。在现实生活中是否具有禅存在的意义才是胜负的关键。

水往低处流，高水准的文化，顺其自然就会流向低处。看到日本文化流向海外，深有感触。这并不意味着日本文化的整体水准很高，而是日本传统文化中，水准高的文化部分先走一步流向海外。这些高水准的文化有日本画、浮世绘、Netsuke、镡（Tsuba）等美术工艺品，范围非常广泛。这说明在日本传统文化中，最为杰出的作品多属于艺术范畴。近年来，日本建筑元素大量的海外应用，也是如此。现代日本文学若真的达到了高水准，也会传播到海外的。

日本人整体上不擅长思考，是直观性的经验论者。自古以来对抽象的观念组织结构不感兴趣。但深深扎根于直观性、拥有强烈神秘主义倾向的佛教，在日本却达到了很高的水准。其中，禅强调佛教的直观性倾向，创建了独自的宗教体系。禅排除了所有象征主义的形而上观点，追求直接、直率地把控直观的体验，从而去解决人的问题。世界文化史上，拥有这一倾向并历经磨炼的体系只有禅。这是一种独特的体系。近年来，禅在海外的流传，恰恰说明禅是高水准的优秀文化现象。

禅，是东方文化山脉的顶峰，但很难将顶峰和整个山脉分开考虑。

没有东方文化的基础，禅是很难理解的。遗憾的是在海外的日本学者中，大多数都没有很好地理解这一点。因此，这些学者们在演讲中突然提到“公案”或讲起“日日是好日”时，在欧美人听来完全是丈二和尚摸不着头脑。这类演讲多以悲剧收场，但悲剧仍在不断上演。

我在美国曾有机会成为铃木大拙博士演讲的听众。那是一场真正的禅的演讲。铃木博士的演讲从解释“吊桶盘缠牵牛花，索水乞邻家”开始。演讲触及了日本文化的各种问题，从时空角度分析了诸多现象，涉及广泛、分析透彻。当我开始怀疑这不是在讲禅而是在讲日本文化时，终于进入了演讲的主题——禅。

演讲中，禅的内容只有五分之一，却给了千人以上的听众太多的感触。散场后，从美国听众的反响中得知“这是地地道道的禅的演讲”。这说明铃木博士真正地把握了禅在东方文化中的位置和东西文化间的巨大差异。钦佩之情油然而生。

我接受的任务是撰写本书的解说。读者可能会认为这篇短文算不上解说，读者的判断无疑是正确的。我认为在今天的学术界，用这种短文介绍铃木大拙博士，较之详尽的解说更符合他的身份。

岸本英夫